추천의 글

예배를 드리는 가족만큼 아름다운 가족은 없습니다. 하지만 어린 자녀들은 조금 따분해할 수도 있지요. 그 바람에 소중한 말씀을 놓치기 쉬운 것이 사실입니다. 이 책은 지나치려는 말씀을 그림책으로 붙잡아 어린 자녀들의 마음에 새기도록 하는 세상에 하나밖에 없는 귀한 예배서입니다. 재미로 의미를 감싸 안아 주는 포근한 가정예배 지침서를 모든 가정에 추천합니다.

박종석 서울신학대학교 기독교교육학 교수

백흥영 목사님과 박현경 선생님의 「생각에 깊이를 더하는 그림책 가정예배」는 자녀들과 함께 신앙을 이야기하려는 모든 부모님에게 큰 선물과 같은 책입니다. 유치기와 아동기의 자녀들과 함께 하나님 나라의 이야기와 가치를 나누는 것은 부모의 가장 큰 기쁨일 것입니다. 그 시간을 통해 우리 아이들의 신앙과 성품은 아름답게 형성되어 가기 때문입니다. 이 책을 통해 매주 나누게 되는 그림책과 그에 따른 깊이 있는 질문들은 자녀들이 말씀 안에서 자라나도록 도와줄 것입니다.

신형섭 장로회신학대학교 기독교 교육학 교수

가정예배는 다음 세대에게 신앙을 전수하는 가장 아름다운 시간이라는 것을 목회현장을 통해 확신하게 됩니다. 그럼에도 그동안의 가정예배는 전통예배형식을 그대로 따름으로 자녀들이 예배를 힘들어할 뿐만 아니라, 예배시간이 훈육으로 변하는 안타까운 현상이 일어나고 있습니다. 이 책은 독서와 함께하는 창의적인 가정예배로 자녀들의 마음과 지혜가 자라나게 하는 멋진 안내서입니다. 그동안 가정예배를 도전하지 못했거나 중단했던 가정도 독서형 가정예배를 통해 예배의 감격을 회복하게 될 것입니다. 가정예배를 통해 감사와 위로가 넘쳐 다음 세대가 살아나는 선한 역사가 일어나길 소망합니다.

이도복 충신교회 교육총괄 목사

백흥영 목사님으로부터 가정예배에 대해 배울 때마다 '나도 저렇게 가정예배를 드리고 싶다'라는 소원을 갖게 됩니다. 직접 맛보고 만져 보고 체험했던 생생한 경험이 점차 숙성되었기 때문이 아닐까 싶습니다. 박현경 선생님과는 '높은뜻숭의교회'와 '높은뜻광성교회'에서 진행했던 어린이문학세계관학교를 통해서 인연을 맺었습니다. 저희 아이들은 10여 년이 지난 지금까지도 그때의 자료들을 보관하고 있을 정도로 어린이문학세계관학교를 너무나 좋아했습니다. 제가 좋아하고 존경하는 두 분이 「생각에 깊이를 더하는 그림책 가정예배」라는 책을 내셨습니다. 이 책을 통해 삶의 깊은 통찰을 담은 이야기를 읽고 상상하고 공감하면서 가정예배를 드리는 즐거움과 감동을 풍성히 누리셨으면 좋겠습니다.

이상호 나의 사랑하는 교회 담임목사

그림책과 가정예배가 만나면 어떤 일이 벌어질까요? 스티브 잡스는 창의성이란 단지 점들을 연결하는 능력이라고 말했습니다. 그림책과 가정예배 이 두 점을 연결한 백홍영 목사님, 박현경 선생님의 창의성에 큰 찬사를 보냅니다. 요즘 그야말로 그림책이 대세입니다! 그림책은 더 이상 어린아이들만 읽는 책이 아닙니다. 그림책 안에 담겨 있는 깊은 의미와 가치들로 인해 많은 분들이 감동과 힐링을 경험하고 있습니다. 특별히 그림책은 서로 질문과 토론하는 하브루타 방식과 만날 때 그 가치가 폭발합니다. 그림책을 펼치고 한 가지 질문, 백 가지 생각을 서로 주고받다 보면 혼자 읽을 때와는 다르게 보다 풍성하고 깊은 나눔을 경험하게 됩니다. 이 책으로 가정 안에서 부모와 자녀가 함께 자연스레 대화를 나눈다면, 그림책의 내용과 하나님의 말씀이 만나 풍성한 영적 이야기가 넘쳐나는 가정예배를 드릴 수 있을 것입니다.

이성준 하브루타교육문화연구소 소장

헬로맘 사역을 섬기면서 매일 가정에서 육아 전쟁을 치르는 가운데 예배를 잘 드리지 못해서 영적으로 고갈되는 초보 엄마들을 많이 만났습니다. 자신들의 영적 침체도 문제지만, 자녀들을 세상의 방법에 휘둘리지 않고 하나님의 말씀 안에서 잘 양육해야 한다는 큰 부담감을 안고 이렇게 저렇게 방황하며 지쳐가는 그들을 보면서 늘 안타까웠습니다. 그래서 이들이 일상에서도 자유롭게 예배를 드리고, 말씀 안에서 자녀들을 잘 양육할 수 있는 길을 찾고자 같이 노력해 왔는데, 이 책이 그런 열망에 대한 하나의 답을 제공해 주는 것 같아 참 감사한 마음입니다. 엄마와 자녀들이 가정에서 말씀을 읽고 그 안에 담긴 메시지를 아이들의 눈높이게 맞게 지혜롭고도 재미나게 풀어가도록 만든 이 책은 부모와 자녀 모두에게 영적인 유익이 되면서, 지혜로운 가르침을 주는 훌륭한 배움의 도구가 될 것이라 믿습니다.

윤경숙 온누리교회 부목사, 양재 헬로맘 담당

생각에 깊이를 더하는

그림책
가정예배

백홍영 • 박현경 지음

토기장이

프롤로그

모든 가정 안에 하나님 이야기가 가득 넘쳐나기를…

가정은 저절로 영적 공동체가 되지 않습니다. 삶에서 부모가 어떻게 하나님을 예배하고, 또 어떻게 말씀대로 살아가는지를 보여 줄 때 비로소 영적 공동체로 세워 갈 수 있게 됩니다. 영적공동체를 세워 가기 위해서는 '3S'가 필요합니다. 우선은 'Space(공간)'입니다. 하나님의 이야기가 자연스럽게 흘러나올 수 있는 자리를 만들어야 합니다. 그럴 때 그 공간에서 서로의 삶을 'Sharing(공유)'하게 됩니다. 요즘 각 가정에서는 세대 차이라는 이유로, 직업과 학업으로 인해 바쁘다는 이유로 서로의 개인적인 삶을 공유하지 못하고 있습니다. 그러기에 믿음의 가정은 개인적인 삶뿐 아니라 신앙 이야기를 힘써 공유해야 합니다. 이런 공유가 오갈 때 비로소 우리는 'Sympathy(공감)'하게 됩니다. 이러한 공감을 통해 서로를 더 깊이 이해하게 되고, 서로를 위해 전심으로 기도해 줄 수 있게 됩니다. 이처럼 가정 안에서 공간, 공유, 공감이 어우러지는 형태가 바로 가정예배입니다.

2013년 출간된 미취학 자녀와 함께하는 「보석비빔밥 가정예배」(주니어 아가페)는 세 아들이 미취학 아이(7살, 5살, 2살)일 때 드렸던 책입니다. 온 가족이 좌충우돌하며 드렸던 예배였지요. 책이 출간되고 난 이후에 주변 분들에게서 초등학생, 중학생과도 함께할 수 있는 가정예배 지침서를 만들어 달라는 요청이 쇄도했었습니다. 그러나 내 자녀들의 삶의 주기를 경험하지 않고, 지침서를 출간한다는 것은 쉬운 일이 아니기에 미루고 있었습니다. 어느덧 아이들이 중학생, 초등학생이 되었습니다. 우연한 기회에 그림책을 가까이 접하게 되고, 때마침 박현경 선생님과의 만남을 통해 미취학 아이도 초등학생도 함께할 수 있는 가정예배 지침서를 만들 수 있게 되었습니다.

가정예배는 하나의 고정된 틀이나 형식이 있는 것이 아닙니다. 각 가정의 상황(자녀 구성, 연령, 신앙 성숙도, 전통 등)에 따라 다양한 가정예배 모델이 필요합니다. 신형섭 교수의 저서 「가정예배 건축학」(장로회신학대학교출판부)에서는 다양한 가정예배 모델을 크게 10가지로 제시하고 있는데, 그중 하나가 '독서중심 가정예배'입니다. '독서중심 가정예배'란 성경책 혹은 성경과 관련된 창작문학들을 부모와 자녀가 함께 읽으면서 하나님을 발견하고 기억하고 감사하는 형태로, 이 모델은 이야기 자체만으로도 학습의 흥미와 호기심을 갖는 연령대인 유아기부터 유년기 자녀들과 함께 드리는 가정예배라고 말하고 있습니다. 「생각에 깊이를 더하는 그림책 가정예배」는 바로 '독서형 가정예배'라 할 수 있습니다.

가정예배는 자녀를 말씀으로 양육하기 위해 하나님께서 부모에게 맡기신 사명입니다. 하나님이 베푸신 은혜에 반응하여 부모와 자녀 모두가 한마음과 한목소리로 신앙고백하는 시간, 우리 가정의 주인이 하나님임을 선포하는 시간이지요. 여호수아 4장 20-24절에서 하나님은 자녀가 요단 강가에 놓인 열두 개의 돌을 보며 "이 돌들은 무슨 뜻입니까?"라고 질문할 때, 부모는 하나님께서 하신 일을 자녀에게 설명해 주도록 명령하셨습니다. "너희의 하나님 여호와께서 요단 물을 너희 앞에서 마르게 하사 너희를 건너게 하신 것이 너희의 하나님 여호와께서 우리 앞에 홍해를 말리시고 우리를 건너게 하심과 같았나니 이는 땅의 모든 백성에게 여호와의 손이 강하신 것을 알게 하며 너희가 너희의 하나님 여호와를 항상 경외하게 하려 하심이라 하라"(수 4:23-24).

이제 각 가정에 열두 개의 돌을 쌓아 기념비를 세워야 합니다. 즉 가정예배를 드려야 합니다. 가정예배를 통해 하나님이 우리에게 베푸신 은혜를 기억하고, 감사와 응답을 드려야 합니다. 이 땅의 모든 가정 안에 하나님 이야기를 자연스럽게 나눌 수 있는 기독교 문화가 세워져 가기를 소망합니다.

_백홍영

좋은 그림책으로 성경적인 세계관을 키울 수 있기를…

그림책은 글과 그림이 어우러져 이야기를 전하는 책입니다. 그림책에는 작은 우리네 삶의 이야기가 담겨 있지만 그것을 통해 삶의 중요한 부분을 바라보게 합니다. 본서에서는 성경적 세계관을 담고 있으며 문학적으로 뛰어난 책들을 엄선하며 선정하였습니다. 성경그림책이라고 분류되는 책뿐만 아니라 누구나 볼 수 있는 책들입니다. 하나님, 은혜, 소망이라는 흔히 교회용어들이 나오지 않는다 하더라도 그 안에 성경의 진리를 담고 있는 책들입니다. 좋은 그림책을 보면서 진리에 대한 감수성을 키우고 성경적 세계관이라는 안목을 키울 수 있기를 소망합니다.

그림책은 글을 모르는 유아들을 위한 책이라고 생각하시는 분들도 있겠지만 모든 세대가 함께 향유할 수 있는 책입니다. 다양한 세대가 각기 다른 자신의 이해와 경험을 바탕으로 책에 반응하며 이야기할 때 서로의 생각을 알게 됩니다. 그렇게 서로의 마음을 알고 공유함으로써 가정공동체를 이루어 갈 수 있습니다.

한 권의 그림책은 다양한 방식으로 즐길 수 있습니다. 어떨 때는 놀이가 되기도 하다가 어떨 때는 삶의 지표를 묵직하게 전해 주기도 합니다. 본서에서는 주제를 중심으로 읽도록 안내하고 있습니다. 주제를 중심으로 읽는 것은 그 책을 즐기는 하나의 방식이지 전부는 아닙니다. 말씀을 기억하며 읽고 생각하고 적용하는 방식에만 한정하지 마시고, 평소에는 아이들과 즐거운 놀이로도 향유할 수 있기를 바랍니다.

하나님을 알아가며 하나님의 사랑을 누리고 전하는 사람으로 살아가는 데 그림책이 유용한 도구가 되기를 소망합니다. 그림책을 보며 말씀을 더 깊이 묵상하게 되고, 하나님을 사랑하게 되기를 간절히 기원합니다.

_박현경

이 책의 특징

1. 매주 한 번씩 가정예배를 드릴 수 있도록 총 52주로 구성되어 있습니다.

2. 그림책과 성경 말씀을 연계한 독서형 가정예배입니다.

3. 아이들이 쉽게 이해할 수 있도록 새번역 성경본문을 수록했습니다.

4. 주제(가정, 생태, 공동체, 성품, 평화, 용서와 사과 등)와 절기(사순절, 종려주일, 부활주일, 감사절, 대림절, 성탄절, 송구영신)에 따라 예배를 드릴 수 있습니다.

5. 교회 내 도서관 혹은 주말학교에서 아이들을 대상으로 그림책을 활용한 프로그램을 진행할 수 있습니다.

6. 목회자들이 주제 설교를 할 때, 그림책 예화를 들어 설명할 수 있습니다.

이 책의 활용법

① 함께 모여요
- 가족이 정한 찬송가(복음성가)를 부르면서 함께 모입니다.

② 기도해요
- 책에 나오는 시작 기도문을 부모 혹은 자녀가 읽습니다.
- 기도 후 자녀가 좋아하는 찬양을 불러도 좋습니다.

③ 말씀을 읽어요
- 자녀와 함께 성경 본문을 합독 혹은 교독을 합니다.
- 부모가 '말씀을 나눠요' 부분을 자녀에게 알려 줍니다.

④ 그림책을 준비해요
- 해당 그림책을 구매하거나 도서관에서 대여합니다.
- 부모가 먼저 그림책 줄거리를 읽고 숙지합니다.
- 그림책을 읽기 전, 표지를 먼저 보여 주며 '표지를 보며 추론해요'에 나오는 질문을 합니다.

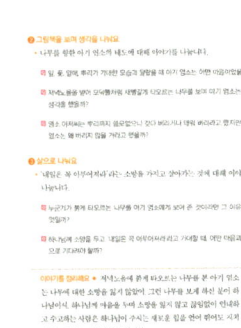

⑤ 그림책을 나눠요
- 그림책을 읽고 난 후, '그림책을 보며 생각을 나눠요'와 '삶으로 나눠요'에 나오는 질문을 나눕니다. (모든 질문을 다 할 필요는 없고, 자녀의 연령과 상황에 맞게 질문을 합니다)
- 오늘의 말씀과 그림책 내용을 연결하여 정리한 '이야기를 정리해요' 부분을 부모가 읽어 줍니다.

⑥ 기도해요
- 책에 나오는 마무리 기도문을 부모 혹은 자녀가 읽습니다.

⑦ 활동해요
- 매주 2가지 활동이 있습니다.
- 연령대에 맞는 활동을 선택해서 진행합니다.
- 다양한 활동을 통해 그 주의 주제를 마음에 새길 수 있도록 합니다.

⑧ 미/사/감 표현해요
- 예배를 드리고 난 후 서로에게 마음을 표현하며 꼬옥 안아 줍니다. (~때문에 미안해요, 사랑해요, 감사해요)

절기별 커리큘럼
(*월별 분류는 매해 달라질 수 있습니다)

주차	월	절기·대주제	주제	성경본문	그림책
1	1월	새로움	소망	사 40:31	내일은 꼭 이루어져라
2			소명	사 6:8	강아지똥
3			선택	수 24:15	쫌 이상한 사람들
4			도전	수 1:9	뛰어라 메뚜기
5	2월	함께 사는 세상	용납	엡 4:2	폭풍우 치는 밤에
6			아동인권	막 10:15	거짓말 같은 이야기
7			난민	출 22:21	노란 샌들 한 짝
8			편견	삼상 16:7	달 사람
9	3월	사순절	겸손	빌 2:3	누구지?
10			희생	요 10:11	엄마 까투리
11			섬김	막 10:45	소록도 큰할매 작은할매
12			인내	약 1:4	까마귀 소년
13			순종	히 5:8-9	검피 아저씨의 뱃놀이
14	4월	종려주일	고난	사 53:5	세 나무 이야기
15		부활절	부활	요 11:25-26	하나님이 부활절을 주셨단다
16		평화	평화	사 65:25	평화 책
17			평화 만들기	약 3:16-18	아기 늑대 세 마리와 못된 돼지
18			회복적 대화	롬 12:17-18	여섯 마리 까마귀
19	5월	가정	가족	룻 1:16	가족은 꼬옥 안아 주는 거야
20			부모	엡 6:4	딸은 좋다
21			자녀	시 127:3	아빠와 나
22			형제	고전 13:4	터널
23			가족 성찰	행 10:2	행복한 우리 가족
24	6월	가치	욕심	약 1:15	여섯 사람
25			성경	딤후 3:16	아름다운 책
26			생명	창 1:25	강아지가 태어났어요
27			죽음	시 116:15	할머니가 남긴 선물

#	월	분류	주제	성경	제목
28	7월	관계	용서하기	엡 4:32	곰 때문이야!
29			사과하기	눅 19:8	사자가 작아졌어
30			거짓	행 5:1-2	빨간 매미
31			진실	잠 25:11	나는 사실대로 말했을 뿐이야!
32	8월	생태	생태1	창 1:28	엄마가 미안해
33			생태2	창 2:15	우리가 함께 쓰는 물, 흙, 공기
34		공동체	친구	삼상 18:3-4	윌리와 휴
35			지체 됨	고전 12:26-27	프레드릭
36			받아들임	롬 14:3	찬성!
37	9월	주권	권위	고후 10:8	샌지와 빵집주인
38			규칙	막 2:27	도서관에 간 사자
39			충성	히 11:7	노아의 방주
40		성품	존중	빌전 2:17	앨버트, 쉿!
41	10월		친절	행 28:2	혼자가 아니야 바네사
42			자비	마 5:7	로쿠베, 조금만 기다려
43			너그러움	고후 8:7	친구의 전설
44			관심	롬 12:15	위를 봐요!
45	11월	감사	배려	고전 11:33-34	친구에게 주는 선물
46			용기	시 23:4	용감한 아이린
47			감사	살전 5:18	행복은 어디에나 있어
48	12월	대림절	약속	눅 4:18-19	행복을 나르는 버스
49			참 평화	눅 2:14	크리스마스 휴전
50			하나님 나라	마 5:16	메리 크리스마스, 늑대 아저씨!
51		성탄절	선물	마 2:11	하나님이 크리스마스를 주셨단다
52		송구영신	돌아봄	고후 13:5	비밀의 방

차례

추천의 글 | 프롤로그 | 이 책의 특징 | 이 책의 활용법 | 절기별 커리큘럼

15_ 1주차 소망 • 내일은 꼭 이루어져라
19_ 2주차 소명 • 강아지 똥
23_ 3주차 선택 • 좀 이상한 사람들
27_ 4주차 도전 • 뛰어라 메뚜기
31_ 5주차 용납 • 폭풍우 치는 밤에
35_ 6주차 아동인권 • 거짓말 같은 이야기
39_ 7주차 난민 • 노란 샌들 한 짝
43_ 8주차 편견 • 달 사람
47_ 9주차 겸손 • 누구지?
51_ 10주차 희생 • 엄마 까투리
55_ 11주차 섬김 • 소록도 큰할매 작은할매
59_ 12주차 인내 • 까마귀 소년
63_ 13주차 순종 • 검피 아저씨의 뱃놀이
67_ 14주차 고난 • 세 나무 이야기
71_ 15주차 부활 • 하나님이 부활절을 주셨단다
75_ 16주차 평화 • 평화 책
79_ 17주차 평화 만들기 • 아기 늑대 세 마리와 못된 돼지
83_ 18주차 회복적 대화 • 여섯 마리 까마귀
87_ 19주차 가족 • 가족은 꼬옥 안아 주는 거야
91_ 20주차 부모 • 딸은 좋다
95_ 21주차 자녀 • 아빠와 나
99_ 22주차 형제 • 터널
103_ 23주차 가족 성찰 • 행복한 우리 가족
107_ 24주차 욕심 • 여섯 사람
111_ 25주차 성경 • 아름다운 책
115_ 26주차 생명 • 강아지가 태어났어요

119_	27주차 죽음 • 할머니가 남긴 선물
123_	28주차 용서하기 • 곰 때문이야!
127_	29주차 사과하기 • 사자가 작아졌어
131_	30주차 거짓 • 빨간 매미
135_	31주차 진실 • 나는 사실대로 말했을 뿐이야!
139_	32주차 생태1 • 엄마가 미안해
143_	33주차 생태2 • 우리가 함께 쓰는 물, 흙, 공기
147_	34주차 친구 • 윌리와 휴
151_	35주차 지체 됨 • 프레드릭
155_	36주차 받아들임 • 찬성!
159_	37주차 권위 • 샌지와 빵집주인
163_	38주차 규칙 • 도서관에 간 사자
167_	39주차 충성 • 노아의 방주
171_	40주차 존중 • 앨버트, 쉿!
175_	41주차 친절 • 혼자가 아니야 바네사
179_	42주차 자비 • 로쿠베, 조금만 기다려
183_	43주차 너그러움 • 친구의 전설
187_	44주차 관심 • 위를 봐요!
191_	45주차 배려 • 친구에게 주는 선물
195_	46주차 용기 • 용감한 아이린
199_	47주차 감사 • 행복은 어디에나 있어
203_	48주차 약속 • 행복을 나르는 버스
207_	49주차 참 평화 • 크리스마스 휴전
211_	50주차 하나님 나라 • 메리 크리스마스, 늑대 아저씨!
215_	51주차 선물 • 하나님이 크리스마스를 주셨단다
219_	52주차 돌아봄 • 비밀의 방

본문에 소개된 그림책 목록 | 함께 보면 좋은 그림책

기도해요

우리 가정의 주인이신 하나님 아버지, 오늘 소망 되신 하나님을 만날 수 있도록 인도해 주세요. 예수님의 이름으로 기도합니다. 아멘.

말씀을 읽어요

오직 주님을 소망으로 삼는 사람은 새 힘을 얻으리니, 독수리가 날개를 치며 솟아오르듯 올라갈 것이요, 뛰어도 지치지 않으며, 걸어도 피곤하지 않을 것이다.

이사야 40:31, 새번역

말씀을 나눠요 ◆

이스라엘 백성들은 힘들고 어려울 때 하나님을 의지하지 않고 자신의 힘으로 무언가 해보려 했단다. 다른 나라 우상을 섬기기도 하고, 강한 다른 나라의 왕을 의지하기도 했지. 하나님께서 피곤한 자에게 새 힘을 주시고, 무능한 자에게 능력을 주실 수 있는 분임을 믿지 못했던 거야. 하지만 하나님은 이스라엘 백성들에게 다시 기회를 주셨어. 힘들고 지칠 때, 슬프고 아플 때 하나님께 소망을 두면 독수리가 날개를 치며 힘차게 하늘 위로 올라가듯이 새로운 힘과 용기, 희망을 주겠다고 약속하셨단다. 이 말씀을 기억하며 그림책을 읽어 보자.

그림책을 나눠요

내일은 꼭 이루어져라
오노데라 에츠코(글), 구로이 겐(그림) • 천개의 바람(2015)

아기 염소는 거미줄에서 본 적이 없는 씨를 발견하고 밭에 심습니다. 잎도 꽃도 열매도 뿌리도 아기 염소가 기대한 것이 아니었습니다. 저녁노을에 불타는 나무를 본 아기 염소는 내 나무라며 흙을 털어내고 창문에 매답니다. 긴 겨울이 지나자 나무는 하얗게 변했고 아기 염소는 그 나무로 빗자루로 만듭니다. 아기 염소가 "지금 꼭 이루어져라"라고 말하자 빗자루는 아기 염소를 하늘 위로 데려다줍니다.

❶ **표지를 보며 추론해요**
- 책을 읽기 전, 표지를 먼저 보며 흥미를 이끄는 정도로 간단하게 이야기를 나눕니다.

  🔍 아기 염소가 '내일은 꼭 이루어져라'라고 바라는 것은 무엇일까? ○○은 '내일은 꼭 이루어져라'라고 기대하는 것이 있니?

❷ **그림책을 보며 생각을 나눠요**
- 나무를 향한 아기 염소의 태도에 대해 이야기를 나눕니다.

  🇶 잎, 꽃, 열매, 뿌리가 기대한 모습과 달랐을 때 아기 염소는 어떤 마음이었을까?

  🇶 저녁노을을 받아 모닥불처럼 새빨갛게 타오르는 나무를 보며 아기 염소는 무슨 생각을 했을까?

  🇶 염소 아저씨는 뿌리까지 쓸모없으니 갖다 버리거나 태워 버리라고 했지만 아기 염소는 왜 버리지 않을 거라고 했을까?

❸ **삶으로 나눠요**
- '내일은 꼭 이루어져라'라는 소망을 가지고 살아가는 것에 대해 이야기를 나눕니다.

  🇶 누군가가 붉게 타오르는 나무를 아기 염소에게 보여 준 것이라면 그 이유는 무엇일까?

  🇶 하나님께 소망을 두고 '내일은 꼭 이루어져라'라고 기대할 때, 어떤 마음과 행동으로 기다려야 할까?

이야기를 정리해요 ◆ 저녁노을에 붉게 타오르는 나무를 본 아기 염소는 나무에 대한 소망을 잃지 않았어. 그런 나무를 보게 하신 분이 하나님이셔. 하나님께 마음을 두며 소망을 잃지 않고 끊임없이 인내하고 수고하는 사람은 하나님이 주시는 새로운 힘을 얻어 뛰어도 지치지 않고 걸어도 피곤치 않게 된단다.

기도해요

하나님 아버지, 내가 원하는 시간과 방법대로 이루어지지 않아도 슬퍼하지 않고, 새 힘과 능력 주시는 하나님께 소망을 두고 인내할 수 있도록 용기를 주세요. 예수님의 이름으로 기도합니다. 아멘.

활동해요

❶ '내일은 꼭 이루어져라' 나무 만들기

준비물 휴지(키친타올)심, 초록(연두) 색종이, 가위, 풀

1. 휴지(키친타올)심의 윗부분을 가위로 자르고 바깥쪽으로 구부려 나무를 만듭니다.
2. 색종이를 나뭇잎 모양으로 오리고 이루고 싶은 소망을 적어 나무에 붙입니다.
3. 나무(소망)의 이름과 그 나무(소망)를 가꾸고 돌보기 위한 행동, 약속의 말씀을 종이에 써서 나무 기둥에 붙입니다.

❷ '내일은 꼭 이루어져라' 노래 만들기

준비물 종이, 필기도구, 악보

1. 올해 꼭 이루어졌으면 하는 소망에 대해 이야기를 나눕니다.
2. 아이가 좋아하는 노래에 소망의 내용을 담아 개사합니다.
   예) '예수 사랑하심'은 개사
   꽃이 피지 않아도 / 열매 맺지 않아도 / 내 힘으론 안 돼도 / 예수 새 힘 주시네
   기도하면 이뤄지리 / 사랑하면 이뤄지리 / 기다리면 이뤄지리 / 하나님 하시네
3. 함께 노래를 부릅니다.

미/사/감 표현해요

예배를 드리고 난 후 서로에게 마음을 표현하며 꼬옥 안아 줍니다.
(~때문에) **미안해요** / **사랑해요** / **감사해요**

2주차
소명

기도해요

우리 가정의 주인이신 하나님, 오늘 예배를 통해 우리에게 주신 소명이 무엇인지 알도록 인도해 주세요. 예수님의 이름으로 기도합니다. 아멘.

말씀을 읽어요

그때에 나는 주님께서 말씀하시는 음성을 들었다. "내가 누구를 보낼까? 누가 우리를 대신하여 갈 것인가?" 내가 아뢰었다. "제가 여기에 있습니다. 저를 보내어 주십시오." 이사야 6:8, 새번역

말씀을 나눠요 ◆ 오늘 말씀은 하나님의 부르심에 우리가 어떻게 대답해야 하는지에 대해 이야기하고 있단다. 선지자 이사야는 하나님을 만났을 때 자신은 아무 쓸모없는 죄인이라고 고백했어. 하나님은 죄 가운데 있던 이사야를 용서해 주시며, 이사야가 아주 소중한 존재임을 말씀해 주시고 새로운 소명을 주셨단다. 소명이란 '어떤 특별한 목적을 위해 부름을 받는 것'을 말해. 하나님은 끊임없이 죄를 짓는 이스라엘 백성들을 향해 회개하고 돌아오라는 말씀을 전하는 특별한 소명을 이사야에게 주셨고, 이사야는 그 부르심에 순종했단다. 이 말씀을 기억하며 그림책을 읽어 보자.

| 그림책을 나눠요 |

강아지똥
권정생(글), 정승각(그림) • 길벗어린이(1996)

흰둥이가 눈 똥은 세상에 태어나자마자 새들에게 더러운 강아지똥이라는 말을 듣습니다. 슬퍼하는 강아지똥에게 흙덩이는 지난 여름 식물을 지켜내지 못한 자신이 더 더러울 거라고 위로합니다. 하지만 흙덩이의 주인은 흙덩이를 알아보고 소중히 담아 원래 있던 곳으로 데려갑니다. 세찬 빗속에서도 자신의 존재 이유를 찾던 강아지똥은 민들레를 통해 자신의 의미를 발견합니다. 그리고 자신을 산산이 조각내어 민들레 몸속으로 들어가 한 송이 꽃을 만들어 냅니다.

❶ **표지를 보며 추론해요**
- 책을 읽기 전, 표지를 먼저 보며 흥미를 이끄는 정도로 간단하게 이야기를 나눕니다.

  Q 길에서 강아지가 똥 싼 거 본 적 있니?

  Q 강아지똥을 보면 어떤 느낌이야? 어떤 생각을 하게 되지?

❷ 그림책을 보며 생각을 나눠요
• 흙덩이가 생각한 자신의 모습과 농부 아저씨가 생각한 흙덩이의 모습에 대해 이야기를 나눕니다.

　🅠 흙덩이는 자신을 흉측하고 더럽다고 이야기하는데 왜 그럴까?

　🅠 소달구지 아저씨가 길가에 있는 흙덩이를 소중히 다룬 이유는 무엇일까?

• 강아지똥이 자신의 꿈을 발견하고 이루는 과정에 대해 이야기를 나눕니다.

　🅠 동물(참새, 어미닭)들은 강아지똥에 대해서 뭐라고 이야기하지? 하나님은 뭐라고 이야기하실까?

　🅠 강아지똥이 소망하는 자신의 모습은 무엇이지? 왜 그런 꿈을 갖게 되었을까?

　🅠 자신의 몸을 잘게 부셔서 민들레 몸속에 들어가기로 결단한 이유는 무엇일까?

❸ 삶으로 나눠요
• 누구의 시각으로 자신을 바라보고 살아야 하는지 이야기를 나눕니다.

　🅠 흙덩이와 소달구지 아저씨는 각각 다르게 흙덩이를 바라보았는데 왜 그랬을까?

　🅠 강아지똥도 동물들이 바라보는 모습과 민들레가 바라보는 모습이 달랐는데 누구의 이야기를 들어야 할까?

　🅠 하나님은 ○○를 어떻게 보고 계실까? 하나님이 바라보시는 대로 살려면 어떻게 해야 할까?

이야기를 정리해요 ◆ 강아지똥과 흙덩이는 자신을 더럽고 쓸모없는 존재라고 생각했어. 하지만 소달구지 아저씨는 흙덩이가 자신의 밭에서 잃어버렸던 흙덩이임을 알고 소중하게 여겼고, 민들레 역시 강아지똥을 특별한 존재라고 이야기했지. 강아지똥이 자신의 소명을 깨닫고 민들레 뿌리로 스며들어 갈 때 예쁜 민들레꽃을 피울 수 있었던 것처럼, 우리도 하나님이 나를 어떻게 보시는지 분명히 알고 하나님이 주신 소명을 따라 살아갈 때 행복하다는 것을 기억하렴.

기도해요

하나님 아버지, 하나님의 관점으로 나를 바라보게 해주시고, 하나님이 원하는 사람으로 살아갈 수 있게 도와주세요. 예수님의 이름으로 기도합니다. 아멘.

활동해요

❶ 강아지똥 소개하기

준비물 종이(도화지), 막대(다 쓴 색연필이나 빨대, 혹은 종이를 접어서), 풀, 채색도구

1. 종이 2장을 맞대어 강아지똥 모양을 그린 후 오립니다. (강아지똥 2장이 나오도록)
2. 한 장의 앞면은 참새, 어미닭이 보는 강아지똥의 모습으로 채색합니다.
3. 다른 한 장의 앞면은 하나님이 보시는 모습, 꽃을 피우는 강아지똥의 모습으로 채색합니다.
4. 가운데에 막대를 넣고 2개의 강아지똥을 마주 댑니다. (색칠한 면이 각각 밖으로 보이도록)
5. 앞면과 뒷면을 보이면서 강아지똥을 소개합니다.

❷ 나 소개하기

1. '하나님이 바라보시는 나', '가족들이 바라보는 나', '내가 바라보는 나'에 대해 각각 이야기해 봅니다.
2. 나의 소명(꿈)에 대해 각자 이야기해 봅니다.

미/사/감 표현해요

예배를 드리고 난 후 서로에게 마음을 표현하며 꼬옥 안아 줍니다.
(~때문에) 미안해요 / 사랑해요 / 감사해요

기도해요

우리 가정의 주인이신 하나님 아버지, 오늘도 온 가족이 함께 가정예배를 드리기로 선택했어요. 이 예배를 기쁘게 받아 주세요. 예수님의 이름으로 기도합니다. 아멘.

말씀을 읽어요

당신들이 어떤 신들을 섬길 것인지를 오늘 선택하십시오. 나와 나의 집안은 주님을 섬길 것입니다. 여호수아 24:15하, 새번역

말씀을 나눠요 ◆

오늘 말씀은 여호수아가 죽기 전에 했던 마지막 설교란다. 여호수아는 하나님께서 이스라엘 백성들을 어떻게 구원하셨는지 지난 역사를 통해 들려주었어. 하나님은 아브라함을 강 건너 가나안 땅으로 오게 하시고, 모세와 이스라엘 백성을 홍해를 건너 광야로 가게 하신 후, 요단강을 건너 약속의 땅으로 인도하셨단다. 여호수아는 과거의 역사를 되돌아보며, 앞으로 이스라엘 백성들이 이방 신을 섬길 것인지 아니면 하나님만을 섬길 것인지 선택하라고 요구했어. 무엇보다 그들이 섬겼던 우상을 삶 가운데에서 제거해야 한다고 말하면서 여호수아 자신이 먼저 하나님을 선택하고 섬기는 일에 모범이 되겠다고 선포했단다. 이 말씀을 기억하며 그림책을 읽어 보자.

> 그림책을 나눠요

쫌 이상한 사람들
미겔 탕코(글, 그림) • 문학동네(2017)

책 제목처럼 쫌 이상한 사람들의 이야기입니다. 이들은 아주 작은 것에 마음을 쓰고, 자기편이 졌을 때에도 상대방에게 축하의 박수를 보냅니다. 나무에게 고마움을 표현하기도 하고, 항상 다른 길을 선택하기도 합니다. 눈을 크게 뜬 채로 꿈을 꾸는 사람들, 다른 이의 행복을 함께 기뻐하는 사람들, 이런 이상한 사람들이 있어서 정말 다행이라고 이야기합니다.

❶ 표지를 보며 추론해요

- 책을 읽기 전, 표지를 먼저 보며 흥미를 이끄는 정도로 간단하게 이야기를 나눕니다.

    ❓ 이상한 건 뭘까?

    ❓ '쫌 이상한 사람들'이래. 뭐가 쫌 이상한 걸까? 왜 그런 게 이상한 거지?

❷ **그림책을 보며 생각을 나눠요**

- 각 장면들은 글로 이야기를 하고 있기는 하지만 그림으로 더 풍성한 의미를 전달해 주고 있습니다. 아이들이 관심을 보이는 장면을 오래도록 보면서 무엇이 이상한 건지, 그것은 어떤 의미인지 이야기를 나눕니다. 몇 개의 장면을 보면서 깊게 이야기를 나눌 수도 있습니다.

    🅠 상대방이 이겼을 때 박수 쳐 주는 게 왜 이상한 걸까? 그런데 이 사람은 왜 축하해 주지?

    🅠 나를 위한 연주를 한다는 건 왜 이상한 걸까?

    🅠 나무에게 뭐라고 고맙다고 했을까? ○○는 고맙다고 하고 싶은 것이 있니?

    🅠 다른 길은 어떤 길이지? 손을 잡는다는 것은 어떤 마음으로 할 수 있는 일일까?

❸ **삶으로 나눠요**

- 눈을 크게 뜬 채로 꿈을 꾸는 사람들, 다른 이의 행복을 기뻐하는 사람들로 살아가는 것에 대해 이야기를 나눕니다.

    🅠 눈을 크게 뜬 채로 꿈을 꾼다는 것은 뭘까? 네가 꿈꾸는 일은 무엇이니?

    🅠 다른 이의 행복을 기뻐하는 건 뭘까? 그런 것을 본 적이 있니? ○○는 그랬던 적이 있니?

    🅠 여호수아가 하나님을 섬길 것을 선택한 것은 어떤 꿈을 꾼 이상한 선택일까?

이야기를 정리해요 ◆ 이 책에서는 남이 보지 못하는 것을 보고, 남이 생각하지 못하는 것을 생각하고, 남이 공감하지 못하는 것을 공감할 줄 아는 사람들을 '이상한 사람들'이라고 말하고 있어. 하지만 이런 이상한 사람들이 많아질 때, 오히려 살기 좋은 세상이 되는 건 아닐까? 우리가 믿음의 길을 선택할 때 다른 사람들은 우리를 조금 이상한 사람이라고 생각할 수 있단다. 하나님의 말씀대로 살아가는 것은 세상과는 다르게 살아간다는 뜻일 테니까. 하지만 그럴지라도 부끄러워하지 말고 오히려 더 당당하게 살아가도록 하자.

기도해요

하나님 아버지, 언제나 하나님을 따르는 삶을 선택하며 살아갈 수 있는 우리가 되게 해주세요. 좀 이상한 사람이라 불릴지라도 부끄러워하지 않고, 더 당당하게 살아갈 수 있게 해주세요. 예수님의 이름으로 기도합니다. 아멘.

활동해요

❶ 책 표지 다르게 만들기

준비물 종이, 채색도구

1 표지는 책의 내용을 시작하는 페이지이기도 하고, 책의 내용을 요약해서 보여 주는 곳이기도 합니다. 책의 제목과 표지를 바꾼다면 어떻게 할 수 있을지 이야기를 나눕니다.
2 표지 크기에 맞는 종이에 새로운 표지를 만듭니다.

❷ '이상하게 살기' 목록 만들기

준비물 도화지, 테이프, 채색도구, 리본끈

1 길게 자른 도화지에 '이상하게 살기' 목록을 작성합니다.
2 만들어진 목록 뒤에 리본끈을 테이프로 붙입니다.
3 벽걸이 형태로 방에 게시합니다.

미/사/감 표현해요

예배를 드리고 난 후 서로에게 마음을 표현하며 꼬옥 안아 줍니다.
(~때문에) **미안해요** / **사랑해요** / **감사해요**

4주차
도전

기도해요

우리 가정의 주인이신 하나님 아버지, 오늘도 가정예배 드리기에 도전합니다. 우리 예배를 기쁘게 받아 주세요. 예수님의 이름으로 기도합니다. 아멘.

말씀을 읽어요

내가 너에게 굳세고 용감하라고 명하지 않았느냐! 너는 두려워하거나 낙담하지 말아라. 네가 어디로 가든지, 너의 주, 나 하나님이 함께 있겠다. 여호수아 1:9, 새번역

말씀을 나눠요 ◆ 출애굽을 이끌었던 모세가 죽고 난 후 모세의 뒤를 이어 이스라엘 백성을 인도해야 했던 여호수아의 마음에는 두려움과 절망이 가득했어. 이스라엘 백성에게 있어 모세는 해결사이자 등불과 같은 존재였기 때문이야. 모세와 비교하면 자신은 너무나 작게만 보였지. 해야 할 일들이 잔뜩 있었지만 자신의 힘으로는 할 수 없다고 생각했어. 게다가 여호수아는 불평과 불순종의 백성들을 돌보아야 했고, 요단강을 건너야 했으며, 철옹성과 같은 여리고 성을 넘어야 했어. 깊은 절망 가운데 있던 그때에 하나님은 여호수아가 새로운 도전을 할 수 있도록 힘과 용기를 주셨어. 모세처럼 되라고 하지 않으시고, 모세처럼 하나님의 말씀을 따라 살아갈 때 하나님께서 힘과 용기를 주신다는 사실을 가르쳐 주셨단다. 이 말씀을 기억하며 그림책을 읽어 보자.

| 그림책을 나눠요 |

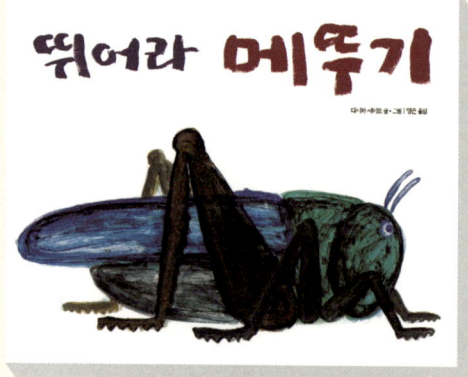

뛰어라 메뚜기
다시마 세이조(글, 그림) • 보림(1996)

메뚜기는 천적에게 잡아먹힐까 늘 노심초사합니다. 메뚜기는 더 이상 이렇게 살 수 없다고 다짐하며 바위에 오릅니다. 그리고 자신을 향해 다가오는 뱀을 보고 있는 힘껏 뜁니다. 얼마나 세게 뛰었는지 거미줄을 뚫고, 사마귀를 산산조각내고, 새는 총에 맞은 것같이 놀랍니다. 하지만 결국 아래로 추락하게 되는데, 그때 메뚜기는 자신에게 날개가 있음을 생각하며 힘껏 날갯짓을 합니다. 그리고 잠자리, 나비의 놀림에도 상관없이 자신이 원하는 새로운 곳으로 날아갑니다.

❶ 표지를 보며 추론해요

- 메뚜기의 생태에 대해서도 알 수 있는 책입니다. 퀴즈를 통해 메뚜기에 알아보고 이야기를 나눕니다.

    Q 이것은 살아 있습니다. 이것은 폴짝 뛰기를 잘합니다. 이것은 새나 뱀이 좋아하는 먹이입니다. 이것은 무엇일까요?

    Q 메뚜기는 어떤 곤충이지? 어디에서 살까?

❷ 그림책을 보며 생각을 나눠요

• 메뚜기의 마음과 생각은 어떠했을지 상상해 봅니다.

  🔍 메뚜기는 어떤 마음으로 바위 위에 올라간 걸까?

  🔍 메뚜기는 떨어질 때 어떤 생각을 했을까?

  🔍 나비나 잠자리가 놀렸을 때 메뚜기는 어떤 생각을 했을까?

❸ 삶으로 나눠요

• 새로운 도전을 하는 여호수아와 나의 마음에 대해 생각해 봅니다.

  🔍 여호수아는 새로운 지도자가 되어 이스라엘 민족을 이끌고 가나안 땅에 들어가야 했어. 여호수아의 마음은 어땠을까?

  🔍 메뚜기의 날갯짓을 보고 조롱하는 동물이 있었던 것처럼, 새로운 도전을 할 때는 비웃는 사람들이 있을 수 있어. 그럴 때 어떻게 마음을 지킬 수 있을까?

이야기를 정리해요 ◆ 하루하루 숨어 지내던 메뚜기는 더 이상 움츠리거나 숨지 않고, 당당하게 바위 위에 올라가 천적들과 대면했어. 두려움에 맞서 새로운 도전을 한 거야. 결국 메뚜기는 자신도 몰랐던 날갯짓으로 천적들의 위협에서 벗어나 새로운 곳으로 날아갈 수 있었단다. 우리도 걱정과 두려움에 사로잡혀 아무것도 할 수 없다고 생각할 때가 있지. 그럴 때는 모세와 여호수아에게 힘을 주셨던 하나님을 기억해 봐. 새로운 도전을 할 수 있도록 힘을 주시는 하나님이 항상 내 곁에 계시다는 사실을 잊지 말고, 용기를 내어 도전해 보자.

기도해요

하나님 아버지, 움츠려 숨기보다는 하나님 말씀을 의지해서 새로운 것에 도전할 수 있는 용기를 우리에게 주세요. 도전을 통해 더 큰 믿음을 소유할 수 있는 우리가 되게 해주세요. 예수님의 이름으로 기도합니다. 아멘.

활동해요

❶ 메뚜기의 기도문

준비물 종이, 필기도구

1 바위에 올라가기 전에 메뚜기가 기도를 했다면 뭐라고 했을지 이야기를 나눕니다.
2 모든 일이 끝나고 새로운 황무지에 도착하게 된 메뚜기는 뭐라고 기도했을지 이야기를 나눕니다
3 이야기한 내용을 바탕으로 기도문을 작성합니다.

❷ 나의 도전 기도문

준비물 종이, 필기도구

1 자녀 또는 가족의 도전에 대해 이야기를 나눕니다.
2 도전의 내용이 하나님이 보시기에 선한 것인지 확인합니다.
3 우리의 도전을 기뻐하시는 하나님을 찬양하는 내용, 도전의 어려움을 정직하게 고백하는 내용, 도전 가운데 두려워하지 않고 실망하지 않도록 도우심을 구하는 내용을 담아 기도문을 작성합니다.
4 기도를 몇 번 할지 약속을 정하고 그 시간에 함께 기도문을 읽습니다.
5 함께 소리 내어 기도합니다. 자녀가 읽기 어려운 경우 부모님이 먼저 읽고 자녀가 따라할 수 있도록 합니다.

미/사/감 표현해요
예배를 드리고 난 후 서로에게 마음을 표현하며 꼬옥 안아 줍니다.
(~때문에) **미안해요** / **사랑해요** / **감사해요**

5주차 용납

기도해요

우리를 언제나 용납하시는 하나님 아버지, 마음과 정성을 다해 드리는 우리의 예배를 기쁘게 받아 주세요. 예수님의 이름으로 기도합니다. 아멘.

말씀을 읽어요

겸손함과 온유함으로 깍듯이 대하십시오. 오래 참음으로써 사랑으로 서로 용납하십시오. 에베소서 4:2, 새번역

말씀을 나눠요 ◆ 에베소 교회는 문화와 종교, 사상적 배경이 다른 유대인들과 이방인들이 모여 이룬 하나의 공동체였단다. 그러다 보니 서로 다른 생각, 다른 가치관, 다른 삶의 방식을 가진 사람들 사이에 크고 작은 다툼이 많았지. 에베소서 4장은 이러한 공동체가 하나 되기 위해서는 겸손과 온유, 오래 참음과 용납이 필요하다고 이야기하고 있어. 자기를 낮추는 겸손, 강하지만 절제함으로 부드러움을 드러내는 온유, 기다림의 오래 참음, 너그러운 마음으로 다른 사람의 말이나 행동을 받아들이는 용납을 통해 우리는 그리스도 안에서 하나가 될 수 있단다. 이 말씀을 기억하며 그림책을 읽어 보자.

그림책을 나눠요

폭풍우 치는 밤에
기무라 유이치(글), 아베 히로시(그림) • 아이세움(2005)

폭풍우 치는 밤에 비를 피해 아기 염소가 오두막에 들어옵니다. 마침 감기에 걸리고 다리를 다쳐 나뭇가지를 의지해서 걸어온 늑대도 오두막에 들어옵니다. 각자 상대방이 자기와 같은 염소와 늑대라고 생각한 둘은 서로 닮았다고 생각하며 이야기를 나눕니다.

❶ 표지를 보며 추론해요

- 책을 읽기 전, 표지를 먼저 보며 흥미를 이끄는 정도로 간단하게 이야기를 나눕니다.

  🅠 어떤 동물이지? 둘의 관계는 어떨 것 같아?

  🅠 제목이 '폭풍우 치는 밤에'인데 어떤 이야기일까?

❷ 그림책을 보며 생각을 나눠요

• 서로 다른 친구가 상대방을 알아보지 못했던 이유와 친구가 될 수 있었던 이유에 대해 생각해 봅니다.

> **Q** 늑대가 발을 삐어서 작대기를 의지해 걸은 점, 감기에 걸려서 냄새를 맡지 못한 점, 폭풍우가 치는 밤이라는 점은 무엇을 의미하는 걸까?

> **Q** 만약에 서로의 웃음소리를 듣고 예의를 차리지 않았다면 어떻게 되었을까?

> **Q** 둘이 친구가 될 수 있었던 이유는 무엇일까?

❸ 삶으로 나눠요

• 겸손함과 온유함으로 깍듯이 서로를 대하는 모습에 대해 이야기를 나눕니다.

> **Q** 염소와 늑대가 서로를 겸손함과 온유함으로 깍듯하게 대하는 것 같니? 어떤 모습이 그러했지?

> **Q** 염소와 늑대만큼이나 우리는 서로 다른 사람들이잖아. 어떻게 너그러운 마음으로 서로의 말이나 행동을 받아들일 수 있을까?

이야기를 정리해요 ◆ 사람들은 자신이 생각하는 틀 안에서 편견과 오해를 가지고 상대방을 대하는 경우가 많은 것 같아. 에베소 교회에 다양한 사람들이 모여 있었기 때문에 다툼이 자주 일어났던 것처럼 말이야. 오늘 그림책에서 늑대와 염소가 서로 친구가 될 수 있었던 것은 서로의 다름이 보이지 않았고, 폭풍우 치는 밤에 비를 피해 들어온 같은 존재로 서로를 인정했기 때문이 아니었을까? 도저히 친구가 될 수 없을 것 같은, 잡아먹고 잡아먹히는 사이에서 말이야. 편견을 갖지 않고 서로의 다름을 인정하고 받아들일 때에만 겸손함과 온유함으로 서로를 깍듯이 대할 수 있는 관계가 된다는 사실을 기억했으면 좋겠어.

기도해요

하나님 아버지, 우리가 너그러운 마음으로 서로의 다름을 인정하고, 상대방을 온유함으로 받아들이는 성숙한 관계를 맺을 수 있도록 도와주세요. 예수님의 이름으로 기도합니다. 아멘.

활동해요

❶ 겸손, 온유, 오래 참음의 모습 찾기

1 염소와 늑대의 모습에서 겸손, 온유, 오래 참음의 모습을 찾습니다.
2 가족(부모, 형제) 안에서 발견한 겸손, 온유, 오래 참음의 모습을 서로 이야기합니다.
3 각 가족원들의 겸손, 온유, 오래 참음의 모습에 대해 서로 깍듯이 맞인사하며 감사를 표현합니다. (예: 겸손의 모습에 감동했습니다)

❷ 가족들의 용납 목록 만들기

준비물 종이, 필기도구

1 다른 가족들이 용납해 주기를 원하는 나의 행동을 돌아가면서 한 가지씩 이야기합니다.
2 다른 가족들이 용납해 주기 어려운 행동일 때 그 이유를 설명하며 서로 이야기합니다.
3 절충한 용납 목록을 작성합니다.
4 한 사람씩 "○○을 용납해 주세요" 하면 다른 가족들이 "사랑으로 용납하겠습니다"라고 이야기합니다.

미/사/감 표현해요

예배를 드리고 난 후 서로에게 마음을 표현하며 꼬옥 안아 줍니다.
(~때문에) 미안해요 / 사랑해요 / 감사해요

6주차 아동인권

기도해요

아이들을 많이 사랑하시는 하나님 아버지, 마음과 정성을 다해 드리는 우리 예배를 기쁘게 받아 주세요. 예수님의 이름으로 기도합니다. 아멘.

말씀을 읽어요

내가 진정으로 너희에게 말한다. 누구든지 어린이와 같이 하나님 나라를 받아들이지 않는 사람은 거기에 들어가지 못할 것이다. 마가복음 10:15, 새번역

말씀을 나눠요 ◆ 부모에게 있어 자녀는 아주 소중한 존재란다. 하지만 예수님이 활동하시던 시대에는 어린아이와 여자를 유대 사회의 일원으로 여기지 않고 존중하지도 않았어. 오늘 본문에서도 사람들이 예수님의 만지심(축복기도)을 바라고 어린아이들을 데리고 왔을 때, 제자들은 이들을 귀찮아하고 꾸짖어 집으로 돌려보내려고 했단다. 그때 예수님은 제자들을 크게 혼내시며 아이들이 오는 것을 막지 말라고 말씀하셨지. 그리고 오히려 어린아이와 같은 사람이 천국에 들어갈 수 있다는 것을 알려 주셨단다. 이 말씀을 기억하며 그림책을 읽어 보자.

> 그림책을 나눠요

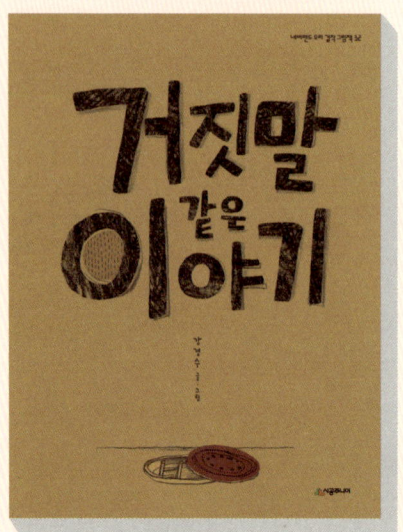

거짓말 같은 이야기
강경수(글, 그림) • 시공주니어(2011)

서울에 사는 솔이는 그림을 그리며 자신의 꿈을 키워 갑니다. 광산에서 하루 종일 일하는 하산, 14시간 동안 카페트를 만드는 파니어, 말라리아에 걸렸지만 치료받기가 어려운 키잠부, 맨홀에서 사는 엘레나, 지진으로 가족을 잃은 르네, 소년병사인 칼라미의 이야기는 거짓말 같지만 모두 실제 이야기입니다.

❶ 표지를 보며 추론해요

- 책을 읽기 전, 표지를 먼저 보며 흥미를 이끄는 정도로 간단하게 이야기를 나눕니다.

  Q 거짓말 같은 이야기는 어떤 이야기일까?

  Q 바닥에 구멍이 있고 사다리가 보이는데 어떤 이야기일까?

❷ 그림책을 보며 생각을 나눠요

- 각각의 이름이 있는 고유한 존재인 아이들의 삶이 어떤 면에서 거짓말 같은지 이야기를 나눕니다. 그들의 삶을 좀 더 생생하게 느낄 수 있도록 아이들이 이해할 수 있는 비유로 이야기합니다.

  > 하산은 몇 살 같아? 50kg이면 얼마나 무거울까? 그걸 매고 계속 옮기는 일은 왜 거짓말 같은 이야기일까?

  > 14시간 동안 일을 한다면, 아침 9시 시작했을 때 몇 시까지 하는 걸까? 파니어가 일하는 데는 어떤 곳이야?

  > 말라리아는 모기에 물리면 생기는 병이야. 예방할 수 있는 알약을 먹기만 하면 걸리지 않을 수 있대. 그런데 우간다에는 어린이들에게 예방치료를 할 수 있는 의료시설이 부족한 거야. 키잠부는 어떻게 될까?

❸ 삶으로 나눠요

- 예수님이 어린아이들을 어떻게 대하셨는지 이야기합니다. 지금의 어린이들은 어떻게 살아가는지, 예수님은 어떻게 되기를 원하실지 이야기합니다.

  > 예수님이 어린이들을 어떻게 대하셨지? 하산, 파니어, 키잠부, 엘레나, 르네, 칼라미를 대하는 세상의 모습과 어떻게 다를까?

  > 예수님처럼 하산, 파니어, 키잠부, 엘레나, 르네, 칼라미를 대한다면 어떻게 될까?

이야기를 정리해요 ◆ 당시 유대인들의 사회 속에서 아이들은 인정받지 못하는 존재로 여겨졌단다. 하지만 예수님은 오히려 아이들의 존재를 높이고 존중해 주라고 말씀하시면서 자신에게 오는 것을 금하지 말라고 하셨어. 오늘 그림책에서 아이들이 배움의 자리에 있지 않고 노동의 자리에 있는 거짓말 같은 현실이 지금도 벌어지고 있는 것을 볼 수 있었지? 이 아이들 역시 예수님이 사랑하고 돌보시는 아이들이란다. 인격적으로 아이들을 대하고, 아이들이 아이들답게 커 갈 수 있도록 권리를 보호해 주는 것은 꼭 필요한 일이야. 예수님이 아이들을 그렇게 존중해 주시고 계시기 때문이야.

기도해요

하나님 아버지, 수많은 나라에서 어린아이들이 존중과 사랑을 받지 못하며 살아가고 있어요. 그런 친구들을 불쌍히 여겨 주시고, 우리처럼 다른 누군가로부터 충분한 사랑을 받으며 자랄 수 있도록 도와주세요. 예수님의 이름으로 기도합니다. 아멘.

활동해요

❶ 아이를 위한 포스터 만들기

[준비물] 종이, 채색도구

1. 6명의 아이들 중 한 명을 정합니다.
2. 예수님이 그 아이를 대하셨을 방법에 대해 이야기를 나눕니다.
3. 예수님의 마음과 방법으로 ○○에게 어떻게 해야 할지 포스터 형태로 표현합니다.

❷ 아이들을 위해 기도하기

1. 이 땅의 하산, 파니어, 키잠부, 엘레나, 르네, 칼라미와 같은 아이들을 위해 기도합니다.
2. 예수님이 하산, 파니어, 키잠부, 엘레나, 르네, 칼라미를 어떻게 생각하실지 생각하고, 이 아이들의 상황이 우리의 욕심 때문임을 회개합니다.
3. 예수님의 마음으로 아이들을 대할 수 있도록 기도합니다.
4. 나도 예수님의 마음으로 기도하며 행동할 수 있도록 간구합니다.
5. 이 일을 이루실 예수님을 찬양합니다.

미/사/감 표현해요

예배를 드리고 난 후 서로에게 마음을 표현하며 꼬옥 안아 줍니다.
(~때문에) 미안해요 / 사랑해요 / 감사해요

7주차
난민

기도해요

연약한 자들을 도우시는 하나님 아버지, 마음과 정성을 다해 드리는 우리 예배를 기쁘게 받아 주세요. 예수님의 이름으로 기도합니다. 아멘.

말씀을 읽어요

너희는 너희에게 몸붙여 사는 나그네를 학대하거나 억압해서는 안 된다. 너희도 이집트 땅에서 몸붙여 살던 나그네였다. 출애굽기 22:21, 새번역

말씀을 나눠요 ◆ 알고 있니? 전 세계적으로 고향을 떠나 해외로 거주지를 옮긴 이주자들이 약 10억 명에 이른단다. 그중 난민의 수는 2017년 통계로 6,850만 명이나 되지. '난민'이란 인종, 종교, 정치적 견해 등을 이유로 박해를 받아 다른 나라로 피한 사람들을 말해. 이런 난민은 한 해에 1,000만 명이 넘게 생겨난다고 해. 성경을 보면 이스라엘 백성들도 과거 이집트 땅에서 이방 나그네로 살면서 핍박과 학대를 당했어. 하나님은 이스라엘 백성들에게 전에 이방인으로 살았을 때 힘들었던 것을 잊지 말고, 지금 우리 사회에서 소외받는 사람들에게 따뜻한 관심을 보이고 잘 돌보아야 한다고 말씀하셨단다. 이 말씀을 기억하며 그림책을 읽어 보자.

> 그림책을 나눠요

노란 샌들 한 짝
캐런 린 윌리엄스(글), 둑 체이카(그림) • 맑은가람(2007)

난민촌에서 2년째 살아가고 있는 리나는 구호센터 사람들이 나누어 주는 구호물품 중에서 자신에게 맞은 노란 샌들 한 짝을 얻습니다. 나머지 한 짝은 페로자의 발에 있었습니다. 리나와 페로자는 샌들을 하루씩 번갈아 신으며 서로의 아픔을 나누는 친구가 됩니다. 리나 가족의 미국 이주가 결정되자, 리나는 페로자에게 자신이 신고 있던 샌들 한 짝을 줍니다. 리나가 떠나려고 할 때, 페로자는 리나에게 샌들 한 짝을 다시 돌려주며 기념으로 하나씩 가지자고 합니다.

❶ **표지를 보며 추론해요**
- 책을 읽기 전, 표지를 먼저 보며 흥미를 이끄는 정도로 간단하게 이야기를 나눕니다.

  Q 그림 속에 보이는 곳은 어디일까?

  Q 두 아이가 신발을 한 짝씩 신고 있는데 왜 그럴까?

❷ **그림책을 보며 생각을 나눠요**
- 난민의 고통과 슬픔은 무엇인지, 이들이 오늘과 내일을 살아갈 수 있는

힘(돕는 사람들, 자신들의 의지 등)은 무엇인지 이야기를 나눕니다.

- **Q** 리나가 페로자를 처음 보았을 때 그 아이의 상황이 어때 보였어? 리나는 어떤 생각을 했을까?

- **Q** 전쟁이 리나와 페로자에게서 빼앗아 간 것들은 무엇일까?

- **Q** 리나와 페로자에게 노란 샌들은 어떤 의미일까?

- **Q** 리나와 페로자가 소원하는 것들은 무엇일까? 어떻게 그 소원을 이룰 수 있을까?

❸ 삶으로 나눠요

- 전쟁이나 지진, 홍수와 같은 자연재해로 인해 살던 곳에서 떠나야 하는 사람들에게 필요한 것은 무엇인지 이야기를 나눕니다.

  - **Q** 야곱과 그 가족들은 살던 곳에 가뭄이 들어 이집트에 가서 살 수밖에 없었어. 이집트가 야곱과 가족들을 받아 주고 먹고 살도록 해주지 않았다면 어떻게 되었을까? 예수님도 헤롯을 피해 이집트에서 난민으로 살아야 하셨지. 그때 이집트가 예수님의 가족을 내쫓았다면 어떻게 되었을까?

  - **Q** 리나와 페로자는 전쟁 때문에 자신이 살던 곳에서 살 수가 없었어. 리나와 페로자에게 필요한 것은 무엇일까? 누가 그 일을 해야 할까?

이야기를 정리해요 ◆ 리나와 페로자는 우리처럼 고향이 있던 친구들이었어. 하지만 전쟁 때문에 자신의 나라에서 살 수 없는 난민이 되어 어려운 환경 속에서 살아갈 수밖에 없었지. 어떤 나라들은 이런 사람들을 받아 주지 않거나, 일에 대한 합당한 대가를 주지 않기도 하고, 난민이라고 무시하거나 핍박하기도 한단다. 하지만 하나님은 이스라엘 백성들에게 그들도 전에는 나그네였음을 기억하고 나그네 된 이웃을 학대하거나 억압해서는 안 된다고 하셨지. 오히려 이러한 사람들에게 관심을 갖고 돌보는 것이 우리가 마땅히 해야 할 일이라고 가르치셨다는 것을 기억하렴.

기도해요

하나님 아버지, 전 세계적으로 소외당하는 난민들을 불쌍히 여겨 주시고, 한국에서 외롭게 살아가는 이주민과 난민들에게 따뜻한 관심과 사랑을 전하는 우리가 되게 해주세요. 예수님의 이름으로 기도합니다. 아멘.

활동해요

❶ 난민에 관해 알아보기

1. 리나와 페로자와 같이 우리나라에 온 난민들에 대해 관심을 가집니다.
2. 우리나라도 일제강점기와 한국전쟁 때 난민이었던 역사가 있음을 환기합니다.
3. 세계의 난민들을 위해 기도합니다.
4. 다음의 자료를 참고합니다.
   - 〈다큐 시선〉 "우리 곁의 난민", "한국의 난민을 아세요" 편
   - 유엔난민기구 www.unhcr.or.kr

❷ 리나(또는 페로자)에게 편지 쓰기

준비물 종이, 채색도구

1. 리나(또는 페로자)에게 해주고 싶은 이야기에 대해서 나눕니다.
   (그들이 겪었던 경험, 난민촌 생활, 그들의 소원 등)
2. 편지 형식에 따라 편지를 작성합니다.
   (받는 사람 → 첫 인사 → 하고 싶은 말 → 끝인사 → 쓴 날짜 → 쓴 사람)
   글을 쓰기 어려운 경우, 하고 싶은 이야기를 담아 그림을 그립니다.

미/사/감 표현해요

예배를 드리고 난 후 서로에게 마음을 표현하며 꼬옥 안아 줍니다.
(~때문에) 미안해요 / 사랑해요 / 감사해요

8주차 편견

기도해요

편견 없이 사랑하시는 하나님 아버지, 마음과 정성을 다해 드리는 우리의 예배를 기쁘게 받아 주세요. 예수님의 이름으로 기도합니다. 아멘.

말씀을 읽어요

너는 그의 준수한 겉모습과 큰 키만을 보아서는 안 된다. 그는 내가 세운 사람이 아니다. 나는 사람이 판단하는 것처럼 그렇게 판단하지는 않는다. 사람은 겉모습만을 따라 판단하지만, 나 주는 중심을 본다. 사무엘상 16:7하, 새번역

말씀을 나눠요 ◆ 하나님은 사울을 이스라엘의 왕으로 세운 것을 후회하셨단다. 사울이 하나님 말씀에 불순종하고 자신을 위한 기념비를 세웠기 때문이야. 그래서 하나님은 하나님의 마음에 합한 새로운 왕을 세우기로 하셨어. 하나님은 사무엘을 이새의 집으로 보내시고, 이새의 아들 중 한 명에게 기름을 붓도록 명령하셨어. 사무엘은 이새의 아들 중 장남 엘리압을 보고 '저 아들이 하나님께서 택하신 사람일 거야'라고 생각했단다. 키가 크고 외모가 출중한 모습만 보고 훌륭한 왕이 될 것이라는 편견을 가졌던 거야. 하지만 하나님은 사무엘에게 자신은 사람들처럼 겉모습만 보고 쉽게 판단하지 않고 마음의 중심을 본다고 말씀하셨단다. 이 말씀을 기억하며 그림책을 읽어 보자.

| 그림책을 나눠요 |

달 사람
토미 웅거러(글, 그림) • 비룡소(1996)

달 속에 몸을 웅크리고 앉아서 밤마다 사람들이 춤추는 것을 지켜보던 달 사람은 사람들과 한 번만이라도 같이 신나게 놀고 싶었습니다. 달 사람은 별똥별 꼬리를 붙잡고 지구에 도착했지만 사람들은 달 사람을 침입자라고 생각하고 감옥에 가둡니다. 달 사람은 그믐달이 되어 몸이 점점 작아지자 쇠창살 사이로 도망을 칩니다. 맘껏 자유를 누리며 돌아다니며 가면무도회장에서 춤을 추던 달 사람은 경찰에 쫓기게 됩니다. 그러다 분젠 반 데르 둥켈 박사에게 처음으로 환대를 받고, 박사가 개발한 로켓을 타고 다시 달로 돌아갑니다.

❶ 표지를 보며 추론해요

- 책을 읽기 전, 표지를 먼저 보며 흥미를 이끄는 정도로 간단하게 이야기를 나눕니다.

  Q 달 사람은 어떤 사람인 것 같아?

  Q 달 사람을 만나면 어떻게 하고 싶어?

❷ 그림책을 보며 생각을 나눠요

- 달 사람을 대하는 사람들의 태도에 대해서 이야기를 나눕니다.

  Q 달 사람을 본 사람들의 반응은 어땠지? 군인의 반응과 일반 사람들의 반응이 조금 달랐는데 왜 그랬을까?

  Q 달 사람과 춤을 춘 사람은 어떻게 그럴 수 있었을까? 왜 달 사람을 무서워하지 않았을까?

  Q 달로 돌아간 달 사람은 지구를 어떻게 기억하고 있을까?

❸ 삶으로 나눠요

- 달 사람처럼 낯선 사람들을 만날 때 하나님이 그 사람을 대하시는 것처럼 마주하고 환영할 수 있는 방법에 대해 생각해 봅니다.

  Q 우리가 살아가는 세상에서 '달 사람'과 같은 사람은 누구일까? 그런 사람들에게 어떻게 해주어야 할까?

이야기를 정리해요 ◆ 사람들은 낯선 모습을 한 '달 사람'과 함께 어울리기를 좋아하지 않았어. 우리도 키가 작거나 뚱뚱하다는 이유로, 아니면 나와 생각이 다르다는 이유로 다른 친구들을 달 사람처럼 보고 있지는 않은지 생각해 보자. 하나님이 우리의 외모를 보지 않으시고 마음의 중심을 보시듯, 우리 역시 다른 사람의 외모나 다름을 보고 편견을 갖기보다 상대방의 마음을 보고 대할 수 있었으면 좋겠어.

기도해요

하나님 아버지, 우리는 다른 모습과 다른 생각을 가진 이들에 대해 좋지 않은 편견을 가질 때가 많이 있어요. 서로 편을 가르려 하기보다는 다른 사람의 마음을 헤아릴 줄 아는 마음을 품게 해주세요. 예수님의 이름으로 기도합니다. 아멘.

활동해요

❶ 달 사람 설명서 만들기

준비물 종이, 채색도구

1. 달 사람에 대해 오해하고 있는 군인과 사람들에게 달 사람을 제대로 소개하기 위해서는 어떤 사실들을 알려 주어야 할지 이야기를 나눕니다.
2. 달 사람의 진심을 알 수 있는 방법에 대해 이야기를 나눕니다.
3. 그 사실들을 전할 수 있는 방법에 대해서 이야기를 나눕니다.
4. 이야기한 내용을 토대로 '달 사람 설명서'를 만듭니다.

❷ 나의 편견 깨트리기

준비물 빈 페트병, 공, 종이, 채색도구

1. 어떤 사람이나 사건에 대해 갖고 있는 편견에 대해 이야기를 나눕니다.
   (달 사람에게 편견을 갖게 되었던 이유에 대해 이야기할 수도 있습니다)
2. 내가 가졌던 편견의 모습을 글과 그림으로 종이에 표현합니다.
3. 종이에 표현한 것을 빈 페트병에 붙입니다.
4. '하나님의 마음' 공을 던져 편견을 쓰러트립니다. 이때 오늘의 말씀을 큰 소리로 읽거나 암송하며 공을 던집니다.

미/사/감 표현해요

예배를 드리고 난 후 서로에게 마음을 표현하며 꼬옥 안아 줍니다.
(~때문에) 미안해요 / 사랑해요 / 감사해요

9주차
겸손

기도해요

우리 가정의 주인이신 하나님 아버지, 오늘 예배를 통해 겸손의 의미를 알아갈 수 있도록 인도해 주세요. 예수님의 이름으로 기도합니다. 아멘.

말씀을 읽어요

무슨 일을 하든지, 경쟁심이나 허영으로 하지 말고, 겸손한 마음으로 하고, 자기보다 서로 남을 낮게 여기십시오. 빌립보서 2:3, 새번역

말씀을 나눠요 ◆ 사람들은 다른 누군가를 이기거나 앞서기 위해 경쟁을 한단다. 지나친 경쟁은 싸움을 일으키고, 결국 사람들과의 관계를 깨뜨리고 말지. 오늘 본문을 보면 당시 빌립보 교회 안에는 몇 가지 문제가 있었어. 예수님을 섬기는 사람들 사이에 서로 다툼이 있었는데, 자신이 상대방보다 더 나은 사람이라며 인정받고 싶어 했고, 상대방을 무시하며 미워했단다. 사도 바울은 그들에게 서로 다투거나 잘난 척하지 말고, 상대방을 자기보다 낮게 여기는 마음을 품어야 한다고 이야기했어. 예수님도 누가복음 14장 11절에서 "누구든지 자기를 높이면 낮아질 것이요, 자기를 낮추면 높아질 것이다"라고 말씀하셨단다. 이 말씀을 기억하며 그림책을 읽어 보자.

> 그림책을 나눠요

누구지?
이범재(글, 그림) • 계수나무(2013)

숲속 마을에 흰 눈이 소복하게 내린 날, 창밖을 내다보던 토끼는 친구들이 눈길에 넘어질까 봐 걱정되어 숲속의 눈을 치웁니다. 집으로 돌아온 토끼는 세찬 바람 때문에 문 한쪽이 떨어져 덜렁거리는 것을 발견합니다. 그때 곰이 찾아와 고장 난 문을 고쳐 줍니다. 토끼가 곰에게 고맙다고 말하자, 곰은 고장 난 걸 알려 준 까치 덕분이라고 합니다. 까치는 자신을 저녁 식사에 초대한 여우 덕분이라고 하고, 여우는 자신에게 맛있는 음식을 갖다준 노루 덕분이라고 합니다. 노루는 신선한 재료를 갖다준 멧돼지 덕분이라고 하고, 멧돼지는 자신이 노루에게 신선한 재료를 갖다줄 수 있었던 것은 누군가 깨끗하게 눈을 치워 주었기 때문이라고 합니다. 토끼는 곰, 까치, 여우, 노루, 멧돼지와 눈길을 치운 자신에게 "고마워"라고 이야기하며 잠자리에 듭니다.

❶ 표지를 보며 추론해요

- 책을 읽기 전, 표지를 먼저 보며 흥미를 이끄는 정도로 간단하게 이야기를 나눕니다.

    Q 숲속 동물들은 무엇을 하고 있을까?

    Q 동물들은 누구를 찾고 있는 걸까?

❷ **그림책을 보며 생각을 나눠요**
- 이 책은 이어지는 이야기에 새로운 인물과 사건이 더해지며 반복되는 특징이 있습니다. 누적적인 플롯의 맛과 재미를 느낄 수 있도록 읽어 줍니다.

    Q 멧돼지는 토끼에게 눈을 치운 누군가에게 고마워하라고 했어. 토끼는 멧돼지에게 뭐라고 얘기했을까? 자신이 눈을 치웠다고 얘기했을까?

    Q 토끼는 잠자리에 들기 전에 어떤 기도를 했을까?

❸ **삶으로 나눠요**
- 나보다 남을 낫게 여기는 마음을 구체적으로 어떻게 표현할 수 있을지 이야기를 나눕니다.

    Q 이야기 속에서 나보다 남을 낮게 여긴 동물은 누구일까? 어떻게 알 수 있지?

    Q 겸손한 마음으로 남을 낫게 여기는 마음은 어떻게 표현할 수 있을까?

이야기를 정리해요 ◆ 빌립보 교회는 다른 사람에게 인정받고 높임을 받고 싶어 하는 마음으로 서로를 대하다가 다툼이 생기게 되었단다. 이처럼 겸손하지 않은 공동체에는 다툼이 일어나게 마련이지. 하지만 오늘 그림책에서 본 동물들은 고맙다고 이야기하는 토끼에게 자신을 높이지 않았어. 오히려 다른 친구들의 도움으로 섬길 수 있었다며 겸손한 마음으로 상대방을 칭찬했지. 겸손한 모습으로 서로를 대할 때 행복한 결말을 맞이한 오늘의 이야기처럼, 우리 역시 자신을 높이기보다는 남을 높이고 존중하는 겸손한 태도로 친구들을 대하면서 서로 행복해지면 어떨까?

기도해요

하나님 아버지, 나보다 다른 사람을 칭찬하고 인정해 주는 겸손한 우리가 되게 해주세요. 예수님의 이름으로 기도합니다. 아멘.

> **활동해요**

❶ '덕분이야' 게임

1 가족들이 몇 개의 주제를 이야기합니다.
   (맛있는 저녁, 고장 난 물건 수리, 야외 활동, 여행 등)
2 아빠가 주제를 이야기하고 "하나 둘 셋" 하면 "덕분이야"라고 말하며 대상이 되는 사람을 향해 '엄지 척'을 합니다.
   (예: 맛있는 저녁을 먹을 수 있었던 것은 엄마 덕분이야!)
3 가장 많은 지목을 당한 사람은 감사의 표현을 하고, 자신이 그렇게 할 수 있었던 것은 ○○덕분이라고 말하며 그 이유에 대해 설명합니다.
   (예: ○○가 ○○을 사와서 음식을 만들 수 있었어)
   이런 형태로 계속 "덕분이야"를 연결하며 이야기합니다.
4 모든 가족 구성원이 돌아가게 되면 "모두 고마워" 하며 박수합니다. 2~3개의 주제를 가지고 서로 나눕니다.

❷ 주인공 칭찬하기

> **준비물** 장난감 마이크(막대, 또는 주먹)

1 책에 나오는 동물 중 가장 마음에 드는 동물을 정합니다.
   (토끼, 곰, 까치, 여우, 노루, 멧돼지)
2 그 동물에 대해 소개하며 칭찬합니다. 이때 부모님이 인물에 대한 적절한 질문을 하도록 합니다.
   Q. 오늘 특별히 소개하고 싶은 동물이 있다고 들었습니다. 누구인가요?
   Q. ○○을 소개하고 싶은 이유는 무엇인가요?
   Q. ○○은 어떤 동물인가요?
   Q. 와~ (유아가 소개한 내용을 정돈된 문장으로 다시 말해 주면서) 그 모습이 왜 좋게 보이나요?

> **미/사/감 표현해요**
> 예배를 드리고 난 후 서로에게 마음을 표현하며 꼬옥 안아 줍니다.
> (~때문에) **미안해요 / 사랑해요 / 감사해요**

10주차 희생

기도해요

우리 가정의 주인이신 하나님 아버지, 오늘 예배를 통해 희생의 의미를 알아가는 시간이 되게 해주세요. 예수님의 이름으로 기도합니다. 아멘.

말씀을 읽어요

나는 선한 목자이다. 선한 목자는 양들을 위하여 자기 목숨을 버린다.

요한복음 10:11, 새번역

말씀을 나눠요 ◆

성경에서는 예수님을 목자로, 사람들을 양으로 비유하기도 한단다. 양은 약하기로 소문난 동물이지만, 목자가 양 곁에 있을 때에는 누구보다 강한 동물이 되지. 왜냐하면 목자가 모든 것을 책임져 주기 때문이야. 목자는 양들을 푸른 풀밭과 맑은 시냇물가로 인도해 주고, 양들이 밤에 잠을 잘 때에도 함께 머무르며 정성껏 돌보아 준단다. 무엇보다 목자는 양을 위해서 자신의 목숨까지 내어 주는 희생을 감수하지. 마치 선한 목자 되신 예수님이 우리를 위해 자기의 목숨을 버리신 것처럼 말이야. 이 말씀을 기억하며 그림책을 읽어 보자.

> 그림책을 나눠요

엄마 까투리
권정생(글), 김세현(그림) • 낮은산(2008)

산에 불이 났습니다. 엄마 까투리는 태어난 지 얼마 안 된 새끼들을 데리고 도망을 칩니다. 불길이 덮치자 놀란 엄마 까투리는 하늘로 날아오릅니다. 하지만 저만치 날아가던 엄마 까투리는 새끼들을 두고 온 것이 생각나 황급히 돌아옵니다. 결국 엄마 까투리는 새끼들을 두 날개 밑으로 모아 보듬어 안습니다. 곧 엄마 까투리의 몸에 불길이 붙고, 엄마 까투리는 새까맣게 타 죽음을 맞이합니다.

❶ 표지를 보며 추론해요

- 책을 읽기 전, 표지를 먼저 보며 흥미를 이끄는 정도로 간단하게 이야기를 나눕니다.

    Q 까투리에 대해서 알고 있나요? 까투리를 본 적이 있나요?

    부모님을 위한 tip 꿩의 수컷은 장끼, 암컷은 까투리라고 합니다. 농어촌이나 산간 초지에 사는 꿩은 땅 위를 걷기 때문에 몸이 길고 날씬하며 발과 발가락이 발달되었으나 날개는 둥글고 짧아 멀리 날지 못합니다. 알을 낳는 시기는 4월에서 6월이며, 한번에 보통 6~10개를 낳아 21일간 품으면 새끼가 태어납니다.

    Q 이 까투리 가족은 어떤 가족일까요? 어떤 이야기일까요?

❷ **그림책을 보며 생각을 나눠요**
- 어린이들은 새끼 병아리에 동일시되기 때문에 엄마 까투리의 생각과 마음에 대해 공감하기 어려울 수 있습니다. 새끼 병아리의 입장보다는 엄마 까투리의 마음에 주의를 기울이도록 안내합니다.

  ▣ 엄마 까투리는 왜 날아올랐다가 다시 내려왔을까? 왜 혼자 달아나지 못했을까?

  ▣ 엄마 까투리는 왜 달아나고 싶어도 꼼짝하지 않았을까?

❸ **삶으로 나눠요**
- '희생'의 의미와 행동에 대해 이야기를 나눕니다.

  ▣ 엄마 까투리가 불을 피해 날아갔다면 새끼들은 어떻게 되었을까? 엄마 까투리의 행동이 놀라운 이유는 무엇일까?

  ▣ 목숨을 내어 주는 희생은 어떤 면에서 대단한 걸까? 예수님은 어떤 마음으로 우리를 위해 십자가에서 죽으셨을까?

  ▣ 우리가 하는 희생에는 어떠한 것이 있을까? 어떤 마음으로 그러한 희생을 했지?

이야기를 정리해요 ◆ 엄마 까투리는 자신이 도망칠 수 있는 순간에도 떠나지 않고 새끼들을 먼저 구해 주었어. 누군가를 사랑한다는 건 자신의 목숨도 아까워하지 않고 다 내어 주는 일인 것 같아. 예수님도 양같이 미련하고 부족한 우리를 사랑하셨기에 자신의 목숨을 기꺼이 내어 주시고 십자가에 달리셨지. 예수님이 우리를 위해 희생하셨던 그 사랑을 항상 기억하고 감사하며 살아가도록 하자.

기도해요

하나님 아버지, 예수님은 우리를 위해 이 땅에 내려오셔서 우리를 대신해 십자가에서 죽으셨어요. 예수님의 큰 사랑을 기억하는 한 주가 되게 해주세요. 예수님의 이름으로 기도합니다. 아멘.

활동해요

❶ 마음 모으기

준비물 포스트잇, 필기도구

1. 엄마 까투리의 죽음과 예수님의 죽음에 대한 마음을 나눕니다. (단어 또는 문장으로)
2. 떠오르는 마음(생각, 느낌)을 포스트잇에 적습니다. (예: 불보다 너희가 죽는 게 더 무서워 / 엄마 품이 좋아요 / 사랑해요 / 나도 피하고 싶었어)
3. 포스트잇의 내용들을 대상별(엄마 까투리, 새끼 병아리, 예수님) 또는 주제별(희생하기까지의 마음, 희생의 영향 등)로 분류합니다.
4. 분류한 주제별로 내용을 읽습니다.
5. 희생은 남을 위하여 자신의 것을 버리거나 내어 주는 것으로, 사랑이 없으면 할 수 없음을 이야기합니다. 예수님의 사랑에 대해 가족원들이 한마디씩 이야기합니다.

❷ 엄마 까투리 추모시 짓기

준비물 종이, 연필, 지우개, 채색도구

1. 엄마 까투리의 마음을 표현한 내용, 새끼 병아리들이 엄마를 기억하는 내용, 박서방의 깨달음 등 다양한 관점으로 본 엄마 까투리의 희생(내용, 영향)에 대해서 이야기를 나눕니다.
2. 엄마 까투리의 희생을 추모하는 시를 짓습니다. 시와 어울리는 그림을 그립니다.
3. 예수님의 희생에 대한 시를 지을 수도 있습니다.

미/사/감 표현해요

예배를 드리고 난 후 서로에게 마음을 표현하며 꼬옥 안아 줍니다.
(~때문에) 미안해요 / 사랑해요 / 감사해요

11주차
섬김

기도해요

우리 가정의 주인이신 하나님 아버지, 오늘 예배를 통해 섬김의 의미를 알아 갈 수 있도록 인도해 주세요. 예수님의 이름으로 기도합니다. 아멘.

말씀을 읽어요

인자는 섬김을 받으러 온 것이 아니라 섬기러 왔으며, 많은 사람을 구원하기 위하여 치를 몸값으로 자기 목숨을 내주러 왔다. 마가복음 10:45, 새번역

말씀을 나눠요 ◆ 신약성경 시대의 사람들은 샌들을 신고 다녔단다. 그래서 먼지 나는 길을 다녀온 뒤에는 언제나 발을 씻어야 했지. 보통 부잣집에서는 종이 주인의 발을 씻어 주었는데, 이는 종이 주인을 섬기는 한 방법이었단다. 그런데 오늘 본문에서는 예수님이 식사 자리에서 일어나 제자들의 발을 씻기셨어. 보통 섬김이란 아랫사람이 윗사람을 공경하는 행동을 말하는데, 예수님은 제자들에게 섬김을 받으려 하지 않으시고 오히려 제자들을 섬기셨단다. 예수님은 서로 더 높은 자리를 차지하겠다며 말다툼을 벌이는 제자들에게 "너희도 보고 배운 대로 서로의 발을 씻어 주는 섬기는 자가 되라"고 말씀하셨어. 이 말씀을 기억하며 그림책을 읽어 보자.

| 그림책을 나눠요 |

소록도 큰할매 작은할매
강무홍(글), 장호(그림) · 웅진주니어(2009)

소록도에 갇혀 살았던 한센병 환자들을 40여 년간 섬긴 마리안느와 마가렛 수녀의 삶을 그린 그림책입니다. 가족들에게도 버림받아 소록도에서 살게 된 한센병 환우들은 병에 대한 오해로 사람 취급을 받지 못하며 살고 있었습니다. 그곳에 20대에 찾아온 수녀님들은 그들을 안아 주며 맨손으로 치료해 줍니다. 그 모습에 환자들뿐 아니라 의료진들의 마음도 열려서 서로 도우며 살아가게 됩니다. 나이가 든 수녀님들은 편지 한 장만 남기고 소록도를 떠납니다.

| 부모님을 위한 tip |

- 다큐멘터리 〈아픈 100년의 역사, 동행하는 소록도〉 참고
- 한센병은 한센균에 의하여 발병되는 만성감염성 질환으로 피부와 말초신경에 주 병변을 일으키는 면역학적 질환입니다. 한센균의 잠복기는 수년에서 수십 년 정도로 길며, 환자의 면역 상태에 따라 다양한 증상이 나타납니다. 그러나 대부분의 사람들은 한센병에 걸리지 않으며 한센균에 대한 면역력이 적은 극히 일부의 사람에게서만 발병하는 질환입니다.
- 조선 총독부는 한센병 환자들이 국가 위상에 장애가 된다고 생각하여 이들을 일정한 장소에 격리 수용할 방침을 세우고 소록도를 선정합니다. 섬의 약 1/5에 해당하는 30여만 평에 집과 땅을 강제로 매수하여 한센병 환자들을 이주시킨 후, 1916년 2월 24일 조선총독부령 제7호로 관제를 공포하여 '소록도 자혜의원'을 설립하였습니다.

❶ 표지를 보며 추론해요

- 책을 읽기 전, 표지를 먼저 보며 흥미를 이끄는 정도로 간단하게 이야기를 나눕니다.

    Q 소록도는 어디에 있는 섬일까? 어떤 곳일까?

    Q 큰할매와 작은할매는 누구일까? 어떤 이야기일까?

❷ 그림책을 보며 생각을 나눠요

- 다양한 사람들의 섬김의 모습에 대해 이야기를 나눕니다.

    Q 마리안느와 마가렛의 섬김은 어떤 모습이었지?

    Q 한센병 할머니가 눈먼 아저씨를 섬기는 방법은 무엇이었지?

    Q 요셉은 어떻게 변할 수 있었지? 요셉을 향한 섬김은 어떠했니?

❸ 삶으로 나눠요

- 서로를 향한 섬김이 있는 곳이 천국인 것을 기억하며 내가 할 수 있는 섬김에 대해 이야기를 나눕니다.

    Q 마리안느와 마가렛이 보는 소록도와 다른 사람들이 보는 소록도는 어떻게 다르지? 그 이유는 무엇일까?

    Q 예수님, 마리안느와 마가렛, 한센병 할머니, 자원봉사자의 모습 중 내가 따라할 수 있는 것은 무엇일까?

이야기를 정리해요 ◆ 다른 사람들은 소록도를 죽음의 섬, 가까이 가고 싶지 않은 섬이라고 했지만, 수녀님들은 오히려 이들을 돕고 섬기기 위해 소록도로 들어갔어. 수녀님들을 통해 마을 사람들이 섬김을 배우고 서로서로 도와주는 모습은 더욱 감동이 되는 것 같아. 예수님도 직접 제자들의 발을 씻기는 본을 보이시며 서로 섬기며 살아갈 것을 당부하셨단다. 우리도 예수님처럼 서로 돕고 섬기는 삶을 통해 천국의 삶을 맛볼 수 있었으면 좋겠어.

기도해요

하나님 아버지, 다른 이에게 무언가를 요구하기보다 내가 먼저 수고하고 다른 이를 섬기는 사람이 되게 해주세요. 예수님의 섬김을 배워 예수님 닮은 섬김이가 되게 해주세요. 예수님의 이름으로 기도합니다. 아멘.

활동해요

❶ 서로의 섬김에 감사하기

1 다른 가족에게 받았던 섬김에 대해 이야기하고, 그 섬김에 대한 마음을 이야기합니다. 이때 거창하거나 커다란 섬김보다는 작고 소소한 섬김에 대해 이야기함으로 섬김에 대한 감수성을 갖도록 합니다.
2 부모님이 먼저 "○○때 ○○가 ○○을 했었던 때 생각나? 그때 아빠(엄마)는 ○○한 상태였는데 ○○가 ○○게 섬겨 주어서 아빠(엄마)마음이 ○○했어. 고마워"라고 구체적으로 이야기합니다.
3 자녀들이 기억하지 못할 때 부모님이 힌트를 줍니다.

❷ 섬김의 손 만들기

준비물 종이, 채색도구

1 종이에 손바닥을 대고 그립니다.
2 손바닥에 내가 할 수 있는 섬김의 내용을 적거나 그립니다.
3 손바닥을 오려서 기억하기 쉬운 장소에 붙입니다. 여러 장을 한 경우 철사 옷걸이를 활용하여 섬김 모빌을 만들 수 있습니다.

미/사/감 표현해요
예배를 드리고 난 후 서로에게 마음을 표현하며 꼬옥 안아 줍니다.
(~때문에) **미안해요** / **사랑해요** / **감사해요**

12주차 — 인내

기도해요

우리 가정의 주인이신 하나님 아버지, 오늘 예배를 통해 인내의 의미를 알아갈 수 있도록 인도해 주세요. 예수님의 이름으로 기도합니다. 아멘.

말씀을 읽어요

여러분은 인내력을 충분히 발휘하여, 조금도 부족함이 없이 완전하고 성숙한 사람이 되십시오. 야고보서 1:4, 새번역

말씀을 나눠요 ◆ '인내'란 말을 들어 본 적 있니? 인내란 괴로움이나 어려움을 참고 견디는 것을 말한단다. 인내는 단순히 '오래 참고, 버티기'가 아니라, 분명한 이유와 목적을 가지고 그 뜻을 이루기 위해 수많은 유혹과 어려움을 감당해 내는 거야. 예수님이 십자가의 고통과 수치를 참아 내셨던 이유는 바로 우리를 구원하시기 위해서였어. 예수님의 인내와 희생이 없었다면 우리는 구원받을 수 없었지. 그리고 예수님은 자신의 인내를 통해 사람들에 대한 분노와 저주가 아니라 하나님의 관용(너그럽게 받아들이거나 용서함)을 드러내셨단다. 이 말씀을 기억하며 그림책을 읽어 보자.

> 그림책을 나눠요

까마귀 소년
야시마 타로(글, 그림) • 비룡소(1996)

모든 것이 무섭고 두려워 선생님과 친구들을 사귀지 못하는 작은 아이가 있습니다. 이 아이는 전교생들에게 '땅꼬마'라고 놀림을 받으며 혼자 시간을 보내는 방법을 터득합니다. 6학년이 되어 새로 부임한 이소베 선생님은 땅꼬마를 학예회 무대에 세워 까마귀 소리를 흉내 내게 합니다. 아이들은 멀고 외딴 산 속에 사는 땅꼬마가 동틀 무렵 학교로 타박타박, 해질 무렵 집으로 타박타박, 여섯 해 동안 날마다 타박타박 걸어 다녔다는 것을 알게 됩니다. 그리고 그제야 땅꼬마를 못살게 굴었던 자신들의 잘못을 깨닫고, 눈물지으며 소년을 칭찬합니다.

❶ 표지를 보며 추론해요

- 책을 읽기 전, 표지를 먼저 보며 흥미를 이끄는 정도로 간단하게 이야기를 나눕니다.

  Q 까마귀 소년은 어떤 아이인 것 같아?

❷ 그림책을 보며 생각을 나눠요

- 땅꼬마는 먼 외딴곳에서 살았기 때문에 사람과 관계하는 것이 낯설고 힘들었습니다. 학교에서 따돌림받고 놀림받으면서도 학교를 다닌 땅꼬마의 마음은 어떠했을지 이야기를 나눕니다.

  Q 땅꼬마를 아는 사람이 아무도 없었는데 왜 그랬을까? 먼 외딴곳에서 사는 땅꼬마의 삶이 의미하는 것은 무엇일까?

  Q 땅꼬마는 공부할 때도, 놀 때도 따돌림을 받았어. 아무도 거들떠보지 않는 학교에 가는 땅꼬마의 마음은 어땠을까?

  Q 땅꼬마가 까마귀 소리를 배우게 된 사연을 들은 사람들의 반응은 어떠했지? 자신의 잘못을 어떻게 깨닫게 된 걸까?

❸ 삶으로 나눠요

- 놀림을 받으면서도 똑같이 반응하지 않고 자신의 일을 묵묵히 하는 삶은 바보처럼 보일 수 있습니다. 그럼에도 폭력에 인내하며 하나님의 관용과 사랑을 나타내는 삶의 가치에 대해 이야기를 나눕니다.

  Q 땅꼬마는 따돌림, 멸시, 조롱 속에서 왜 똑같이 반응하지 않았을까?

  Q 땅꼬마의 인내의 삶은 사람들에게 어떤 영향을 끼쳤을까? 예수님의 인내의 삶은 우리에게 어떤 영향을 끼쳤을까?

이야기를 정리해요 ◆ 땅꼬마는 학교 친구들에게 따돌림을 당했으면서도 아이들의 따돌림에 똑같이 반응하지 않고 자신의 삶을 묵묵히 살아냈어. 이러한 태도를 본 사람들은 결국 자신의 잘못을 뉘우치고 땅꼬마를 칭찬하게 되었지. 예수님도 십자가를 지시기 전, 조롱과 폭력을 받으셨지만 그들과 똑같이 반응하지 않으시고 오히려 십자가를 지심으로 자신의 사랑을 적극적으로 표현하셨단다. 예수님의 인내의 사랑은 많은 사람들을 감동시키고 변화시키기에 충분했지. 우리 역시 힘든 상황에서 기다리고 인내함으로 하나님의 마음을 드러내는 통로가 되도록 하자.

기도해요

하나님 아버지, 땅꼬마가 어려운 학교생활 속에서도 인내하면서 묵묵히 삶을 살아냈던 것처럼, 또한 예수님이 모든 사람을 구원하기 위해 인내하시며 십자가의 고난을 이겨 내셨던 것처럼, 우리도 힘든 상황 속에서 인내할 수 있도록 용기를 주세요. 예수님의 이름으로 기도합니다. 아멘.

활동해요

❶ '인내상' 주기

준비물: 종이, 필기도구

1. 싫거나 불편하지만 꾸준히 하고 있는 일들이 있는지 이야기를 나눕니다. 그 인내의 행동이 하나님의 관용의 모습을 보이고 있는지 살펴봅니다.
2. 한 가족원의 모습에 대해 다른 가족들이 상장을 만듭니다.
   (예: 인사상 - 낯선 사람들을 만나면 부끄러워함에도 불구하고 꾸준히 인사를 하며 하나님의 환대의 마음을 전한 ○○에게 이 상을 수여합니다)
3. 상장수여식을 합니다.

❷ 까마귀 소년에게 상장 주기

준비물: 종이, 필기도구

1. 까마귀 소년에게 상을 준다면 어떤 상을 줄 수 있을지 이야기를 나눕니다.
   (따돌림받을 때 마음을 잘 지킨 상, 성실하게 학교를 오고간 상, 조롱하는 말에도 폭력으로 대응하지 않은 상, 까마귀 소리를 잘 낸 상, 자연 만물 박사상 등)
2. 상의 이름을 정하고, 상의 내용을 적습니다.
3. 상을 받은 까마귀 소년의 반응에 대해 상상해 봅니다.

미/사/감 표현해요

예배를 드리고 난 후 서로에게 마음을 표현하며 꼬옥 안아 줍니다.
(~때문에) 미안해요 / 사랑해요 / 감사해요

13주차 순종

기도해요

우리 가정의 주인이신 하나님 아버지, 오늘 예배를 통해 순종의 의미를 알아갈 수 있도록 인도해 주세요. 예수님의 이름으로 기도합니다. 아멘.

말씀을 읽어요

그는 아드님이시지만, 고난을 당하심으로써 순종을 배우셨습니다. 그리고 완전하게 되신 뒤에, 자기에게 순종하는 모든 사람에게 영원한 구원의 근원이 되시고

히브리서 5:8-9, 새번역

말씀을 나눠요 ◆ '순종'이란 다른 사람, 특히 윗사람의 말이나 의견에 순순히 따르는 것을 말한단다. 물론 아무에게나 순종해서는 안 돼. 신뢰할 만한 사람에게만 순종해야 하지. 하지만 우리가 알고 있듯이 순종은 쉽지 않아. 때론 내가 원하는 방식이 아닐 때가 많기 때문이야. 순종하기 위해서는 손해와 불편을 이겨 내야 한단다. 예수님은 사람들을 구원하시기 위해 이 땅에 오셨어. 그런데 그 구원의 방법은 십자가에 달려 피 흘려 죽어야 하는 것이었어. 자신의 목숨을 내어놓아야 하는 일이었지만 예수님은 결국 하나님의 말씀에 순종하여 십자가에 달려 죽으심으로 우리의 구원을 이루셨단다. 이 말씀을 기억하며 그림책을 읽어 보자.

> 그림책을 나눠요

검피 아저씨의 뱃놀이
존 버닝햄(글, 그림) • 시공주니어(1996)

강가에 사는 검피 아저씨는 배를 끌고 강으로 나왔습니다. 동네 꼬마 둘, 토끼, 고양이, 개, 돼지, 양, 닭, 송아지, 염소가 아저씨에게 동행을 청합니다. 아저씨는 각 인물과 동물별로 한 가지씩 약속을 합니다. 다른 동물을 쫓지 않아야 한다거나, 뒷발질을 하면 안 된다는 약속이지요. 하지만 아이들과 동물들은 약속을 어기는 행동을 합니다. 결국 배는 뒤집혀 버리고 재미있었던 뱃놀이는 끝이 납니다. 아이들과 동물들은 햇빛에 몸을 말리고 검피 아저씨의 집에 가서 차를 마십니다. 아저씨는 다음에도 배를 타러 오라고 청합니다.

❶ 표지를 보며 추론해요

- 책을 읽기 전, 표지를 먼저 보며 흥미를 이끄는 정도로 간단하게 이야기를 나눕니다. 뱃놀이에 대한 경험을 나누거나 뱃놀이의 즐거움에 대해 상상해 봅니다. 오감을 이용하여 이야기하면 좋습니다. (예: 시원한 바람이~)

  🔍 뱃놀이를 알고 있니? 뱃놀이를 해보았니?

  🔍 뱃놀이는 어떤 재미가 있을까?

❷ 그림책을 보며 생각을 나눠요

- 이 책의 왼쪽에서는 전체적인 뱃놀이의 다양한 모습을 보여 주고, 오른쪽에서는 뱃놀이를 청하는 동물들이 등장합니다. 자칫하면 독자의 관심이 동물들의 뱃놀이 합류에만 집중될 수 있습니다. 그러나 '순종'이라는 주제를 배우기 위해서는 뱃놀이의 즐거움이 전달되어야 합니다. 검피 아저씨가 뱃놀이를 책임지고 있는 권위자로서 왜 그런 약속(규칙, 규제)을 요구하는지 생각해 볼 수 있습니다. 순종하면 즐거운 뱃놀이를 계속할 수 있지만, 순종하지 않으면 뱃놀이의 즐거움은 끝이 납니다. 왼쪽 페이지의 그림을 자세히 보며 뱃놀이의 즐거움을 느낄 수 있도록 합니다. (동네 꼬마들이 타고 나서 : "여기 좀 봐. 강물 속에 물고기도 우릴 따라와~")

    🔲 검피 아저씨는 어떤 사람이지? 즐거운 뱃놀이를 위해 꼭 필요한 사람은 누구일까?

    🔲 뱃놀이에는 어떤 규칙이 있었어? 이런 규칙은 왜 필요할까?

    🔲 규칙을 따르지 않은 결과는 무엇일까? 규칙을 잘 지켰다면(순종했다면) 어땠을까?

❸ 삶으로 나눠요

- 순종의 대상과 순종의 모습에 대해 이야기를 나눕니다.

    🔲 우리는 누구에게 순종해야 할까?

    🔲 하나님께 순종하지 못하는 이유는 무엇일까? 기쁘게 순종하려면 어떻게 해야 할까?

이야기를 정리해요 ◆ 동물들이 검피 아저씨의 말에 순종하지 않고 마음대로 행동하기 시작하자 배는 뒤집어지고 즐거웠던 뱃놀이는 즉시 끝이 나고 말았어. 검피 아저씨는 뱃놀이의 즐거움을 오랫동안 즐기기 위해서는 규칙이 필요하다는 걸 알고 있었지. 동물들이 검피 아저씨의 말에 순종했다면 아마도 즐거운 뱃놀이를 오랫동안 즐길 수 있었을 거야. 순종은 나를 어렵고 힘들게 만드는 것이 아니라, 오히려 행복하고 즐겁게 해주는 거야. 예수님도 하나님의 말씀에 순종하셔서 우리를 죄에서 자유하게 해주셨어. 순종할 때는 힘이 들고 어려울 수 있지만, 순종은 결국 우리를 좋은 길로 인도해 준단다.

기도해요

하나님 아버지, 우리를 행복한 길로 인도해 주실 하나님을 믿고, 때론 힘들고 어려워도 하나님의 말씀에 순종할 수 있게 도와주세요. 예수님의 이름으로 기도합니다. 아멘.

활동해요

❶ 우리 집 규칙 선서

1 우리 집 규칙에 대해 이야기를 나눕니다. (한두 가지 정도)
2 규칙이 필요한 이유에 대해 이야기를 나눕니다.
3 규칙에 순종하는 마음을 선서형태로 이야기합니다.
 (선서! 나 ○○○는 ○○○ 규칙이 ○○○ 해서 필요한 것을 압니다. ○○○ 마음으로 순종하며 따를 것을 선서합니다!)

❷ 순종 미로 게임

준비물 종이, 연필, 안대(수건)

1 두 명이 짝을 이룹니다.
2 팀별로 종이에 미로를 그립니다. A팀이 만든 미로를 B팀이 풉니다.
3 한 사람이 눈을 가리고 연필을 손에 듭니다. 같은 팀 다른 사람이 소리로만 미로를 안내합니다. 이때 다른 팀의 사람이 말로 방해할 수 있습니다.

미/사/감 표현해요

예배를 드리고 난 후 서로에게 마음을 표현하며 꼬옥 안아 줍니다.
(~때문에) 미안해요 / 사랑해요 / 감사해요

14주차

고난

기도해요

우리 가정의 주인이신 하나님 아버지, 오늘의 예배가 십자가의 고난 가운데서도 우리를 사랑하신 예수님의 마음을 알아가는 시간이 될 수 있도록 인도해 주세요. 예수님의 이름으로 기도합니다. 아멘.

말씀을 읽어요

그러나 그가 찔린 것은 우리의 허물 때문이고, 그가 상처를 받은 것은 우리의 악함 때문이다. 그가 징계를 받음으로써 우리가 평화를 누리고, 그가 매를 맞음으로써 우리의 병이 나았다. 이사야 53:5, 새번역

말씀을 나눠요 ◆

십자가 사형은 이방인이나 노예를 잔인하게 죽이는 끔찍한 사형 방법이었어. 십자가에 달린 죄인은 생명이 다할 때까지 가장 극심한 고통을 받았기 때문에 로마 식민지 사람들은 십자가라는 이름만 들어도 무서워 떨었다고 해. 예수님은 십자가에 못 박히시기 전, 가시 면류관을 머리에 쓰고 군인들의 채찍질을 당하며 무거운 십자가를 지고 골고다 언덕을 올라가셔야 했어. 왜 죄 없는 예수님이 매를 맞고 징계를 받아 고난을 당하셔야 했을까? 그 이유는 바로 예수님의 십자가 고난과 희생을 통해 우리의 죄가 용서받고 새로운 생명을 얻게 되기 때문이야. 이 말씀을 기억하며 그림책을 읽어 보자.

| 그림책을 나눠요 |

세 나무 이야기
엘레나 파스퀼리(글), 소피 윈드햄(그림) • 포이에마(2012)

언덕 위 세 나무는 꿈을 꾸었습니다. 가장 귀한 보석을 담는 상자가 되는 꿈, 가장 위대한 왕이 타는 배가 되는 꿈, 하나님이 계신 하늘과 가장 가까이 있고 싶다는 꿈입니다. 세 나무는 무럭무럭 자라 베이게 됩니다. 첫 번째 나무는 마구간의 여물통이 되어 한숨을 내쉬지만 세상에서 가장 귀한 보석인 아기 예수님을 담는 상자가 됩니다. 두 번째 배는 어부들의 배가 되어 실망하지만 파도와 바다를 다스리는 가장 위대한 왕을 태웠다는 사실을 깨닫습니다. 세 번째 나무는 십자가가 되어 한 남자를 죽게 하는 나무가 됩니다. 텅 빈 채 버려진 나무는 너무 슬픕니다. 하지만 죽었던 남자는 다시 살아났고 십자가 나무는 생명의 나무가 되어 영원히 하나님을 바라볼 수 있었습니다.

❶ 표지를 보며 추론해요

- 책을 읽기 전, 표지를 먼저 보며 흥미를 이끄는 정도로 간단하게 이야기를 나눕니다.

  Q 표지의 세 나무는 각각 어떤 모양이지?

  Q 어떻게 쓰이면 좋을까?

❷ 그림책을 보며 생각을 나눠요

- 글과 그림에는 표현되지 않지만 유추해 볼 수 있는 내용에 대해 이야기를 나눕니다.

  🔎 마구간에 찾아온 남자와 여자는 누구일까? 여물통에 누인 갓난아기는 누구일까?

  🔎 첫 번째 나무는 세상에서 가장 귀한 보석을 담은 상자가 되었다는 것을 깨달았어. 왜 갓난아기가 가장 귀한 보석일까?

  🔎 바다와 파도도 순종하는 남자는 누구일까? 그 남자가 가장 위대한 왕인 이유는 무엇일까?

❸ 삶으로 나눠요

- 예수님의 생애를 살펴보며, 가장 귀한 보석이며 가장 위대한 왕이 왜 고난을 받으셨는지 이야기를 나눕니다.

  🔎 잔인한 손들이 한 남자를 십자가에 억지로 눕히고 손과 발에 못을 박았어. 이 남자는 누구일까?

  🔎 가장 귀한 보석이며 가장 위대한 왕이 왜 이렇게 십자가에 못 박히게 되었을까? 누구를 위해 고난(괴로움과 어려움)을 받았을까?

이야기를 정리해요 ◆ 세 나무 중 마지막 나무는 하나님이 계신 하늘과 가장 가까운 자리에 있는 것이 소원이었어. 하지만 세 번째 나무는 아무렇게나 잘려 버려졌고 한 남자를 매다는 십자가가 되었지. 그 남자는 누구였을까? 그래, 바로 예수님이셨어. 예수님은 가장 귀한 보석이며 가장 위대한 왕이셨지만 십자가의 고난을 받으셨어. 그가 찔린 것은 우리의 허물 때문이었고, 그가 상처를 받은 것은 우리의 죄 때문이었어. 예수님의 고난으로 인해 우리가 평화를 누리게 되었고, 그분의 죽음으로 인해 우리가 죄에서 벗어날 수 있게 되었단다. 우리를 위해 십자가의 고난을 받으신 예수님을 기억하는 우리 가정이 되도록 하자.

기도해요

하나님 아버지, 위대한 왕이신 예수님께서 우리의 죄와 허물 때문에 십자가에서 고난을 받으며 죽으셨어요. 예수님의 은혜와 사랑을 기억하는 한 주가 되게 해주세요. 예수님의 이름으로 기도합니다. 아멘.

활동해요

❶ 나의 허물 돌아보기

1 우리 가족의 어떤 허물과 죄로 인해 예수님이 고난을 받으셨는지 이야기를 나눕니다. (잘못 저지른 실수, 비웃음을 살 만한 마음과 행동 등)
2 한 사람씩 "예수님은 저의 ○○ 때문에 고난을 받으셨습니다"라고 이야기합니다.
3 온 가족이 모두 손을 잡고 예수님의 사랑에 감사하는 기도를 합니다.

❷ 세 나무 책 만들기

준비물 A3종이(또는 A4종이 두 장), 채색도구

1 A3를 긴 면으로 반을 접어 자르고, 둘을 길게 연결합니다.
2 연결한 종이를 병풍모양으로 접습니다. (A3의 긴 면으로 두 번 접히도록)
3 한 면에 나무 모양을 그립니다. 나무 모양의 아코디언 북이 되도록 종이보다 크게 그려 펼쳤을 때 나무 가랜드가 될 수 있도록 합니다.
4 나무 모양을 오립니다.
5 총 4개의 펼친 면에 첫 번째, 두 번째, 세 번째 나무의 꿈과 결과를 글과 그림으로 만듭니다. 마지막 면에는 예수님이 어떤 마음으로 이 땅에 오셔서 고난을 받으셨는지 글과 그림으로 표현합니다.

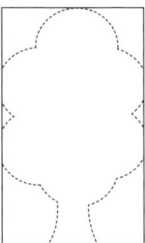

미/사/감 표현해요

예배를 드리고 난 후 서로에게 마음을 표현하며 꼬옥 안아 줍니다.
(~때문에) 미안해요 / 사랑해요 / 감사해요

15주차 — 부활

기도해요

우리 가정의 주인이신 하나님 아버지, 부활의 기쁨으로 드리는 우리 예배를 기쁘게 받아 주세요. 예수님의 이름으로 기도합니다. 아멘.

말씀을 읽어요

예수께서 마르다에게 말씀하셨다. "나는 부활이요 생명이니, 나를 믿는 사람은 죽어도 살고, 살아서 나를 믿는 사람은 영원히 죽지 아니할 것이다. 네가 이것을 믿느냐?" 요한복음 11:25-26, 새번역

말씀을 나눠요 ◆ 예수님은 십자가에 달려 죽으신 지 사흘 만에 부활하셨단다. 부활하신 예수님은 베드로에게 찾아오셨고, 열두 제자와 오백여 명의 형제에게도 동시에 찾아오셨어. 몇 주간에 걸쳐 때로는 개인에게, 때로는 무리 앞에, 때로는 집에서, 때로는 밖에서, 때로는 신실한 믿음을 지켰던 제자들 앞에, 때로는 의심 많은 도마에게 나타나셨지. 도마는 예수님을 만지기도 했고, 또 어떤 제자들은 예수님과 함께 식사도 했어. 예수님은 약속대로 부활하셔서 죄와 죽음의 권세에서 우리를 구원해 주셨단다. 이 말씀을 기억하며 그림책을 읽어 보자.

그림책을 나눠요

하나님이 부활절을 주셨단다
리사 타운 버그렌(글), 로라 J. 브라이언트(그림) • 몽당연필(2013)

부활절 토끼와 사탕 때문에 부활절을 좋아하는 아이들에게 아빠 곰은 부활절이란 예수님과 영원히 함께 있음을 기억하는 날임을 이야기합니다. 그리고 커다란 나무가 죽으면서 새로운 생명을 만들어 내는 것을 함께 보며 부활절의 의미에 대해 가르쳐 줍니다. 하나님께서는 자녀인 우리와 함께 있기를 원하셨고, 예수님은 그 일을 이루기 위해 죽으시고 부활하셨습니다. 아기 곰은 지금 사랑한다고 말하시는 예수님의 음성을 듣습니다. 가장 멋진 부활절 선물을 받은 부활절입니다.

❶ 표지를 보며 추론해요

- 책을 읽기 전, 표지를 먼저 보며 흥미를 이끄는 정도로 간단하게 이야기를 나눕니다.

  Q '부활절' 하면 뭐가 떠오르니?

  Q 부활절은 어떤 날인 것 같아?

❷ 그림책을 보며 생각을 나눠요

- 달걀과 씨앗을 통해 부활절의 의미를 이해하고 오늘 우리와 함께하고 싶어 하시는 하나님에 대해 이야기를 나눕니다.

  Q 달걀과 씨앗은 어떤 면에서 비슷하지? 부활절의 무엇과 비슷한 것 같아?

  Q 하나님께 소중한 것은 무엇일까? 그것을 위해 무엇을 버리셨지? ○○도, 엄마도, 아빠도 하나님께는 그만큼 소중한 거야.

  Q 예수님은 우리와 함께하길 원하신단다. 예수님이 우리에게 뭐라고 얘기하시는 거 같아?

❸ 삶으로 나눠요

- 달걀과 씨앗은 죽어 있는 것처럼 보여도 그 안에 생명을 가지고 있습니다. 마찬가지로 예수님은 죽음을 이기시고 우리에게 영원한 생명을 주셨습니다. 예수님과 함께하는 하루에 대해 이야기를 나눕니다.

  Q 예수님은 왜 우리와 함께하길 원하시는 걸까? 예수님과 함께한다는 것은 무엇일까?

  Q 예수님의 이야기를 들으며 예수님과 함께하는 하루는 어떤 모습일까?

이야기를 정리해요 ◆ 아빠 곰은 떨어진 솔방울과 쓰러진 나무를 보며, 죽어야만 또 다른 생명의 부활이 있을 수 있음을 아기 곰에게 이야기해 주었어. 예수님도 십자가에서 죽으셨지만, 죽은 지 삼일 만에 다시 살아나셨단다. 예수님의 부활하심으로 인해 우리도 예수님처럼 새 생명을 얻을 수 있다는 소망을 갖게 되었어. 새 생명을 얻는다는 것은 이 땅에서 항상 예수님과 대화하며 함께 살아갈 수 있다는 것이고, 나중에 우리가 죽었을 때 다시 태어나는 영생의 소망도 갖게 된다는 뜻이야. 우리에게 부활의 소망을 주신 예수님을 찬양하며 기뻐하자.

기도해요

하나님 아버지, 예수님은 약속대로 부활하셔서 죄와 죽음의 권세에서 우리를 구원해 주셨어요. 예수님의 부활하심을 기뻐하고, 그 기쁨을 다른 이들에게도 전할 수 있는 우리가 되게 해주세요. 예수님의 이름으로 기도합니다. 아멘.

활동해요

❶ 부활절 사랑 나누기

준비물: 달걀 또는 씨앗, 포장용품, 종이, 필기도구

1. 아이들과 달걀이나 씨앗을 포장합니다.
2. 우리를 사랑하셔서 우리와 함께하고자 하시는 예수님을 마음을 전하고 싶은 사람에게 사랑의 편지를 씁니다. (그림을 그려도 됩니다)
3. 선물과 편지를 나눕니다.

❷ 부활절 문구 만들기

준비물: 종이, 채색도구

1. 각자 '부활절은 ○○이다!'를 완성합니다.
2. 이유를 말하고 서로 격려해 주며 박수를 칩니다.
3. 종이에 글과 그림으로 표현합니다.

미/사/감 표현해요

예배를 드리고 난 후 서로에게 마음을 표현하며 꼬옥 안아 줍니다.
(~때문에) 미안해요 / 사랑해요 / 감사해요

16주차 — 평화

기도해요

평화를 주시는 하나님 아버지, 오늘 예배를 통해 참 평화의 의미를 알아갈 수 있도록 인도해 주세요. 예수님의 이름으로 기도합니다. 아멘.

말씀을 읽어요

"이리와 어린 양이 함께 풀을 먹으며, 사자가 소처럼 여물을 먹으며, 뱀이 흙을 먹이로 삼을 것이다. 나의 거룩한 산에서는 서로 해치거나 상하게 하는 일이 전혀 없을 것이다." 주님의 말씀이시다. 이사야 65:25, 새번역

말씀을 나눠요 ◆ 히브리어 단어인 '샬롬'은 다양한 뜻을 가지고 있어. 서로의 안부를 묻는 인사말로 '평화, 평안, 화평'이라는 뜻으로 사용되기도 하고, 원래 상태로 되돌아가는 것을 의미하기도 한단다. 이사야 65장에 나오는 '새 하늘과 새 땅'처럼 원래 하나님께서 창조하신 목적대로 회복되는 것을 의미하지. 그럼 어떤 상태로 회복되는 것일까? 오늘 말씀처럼 인간의 죄로 말미암아 왜곡된 자연 질서가 평화로운 상태로 회복되는 것을 뜻해. 우리는 모든 피조물이 공존하며 어울리는 세상, 싸움과 분쟁이 사라지는 세상을 만들어 감으로 이 세상을 하나님께서 창조하신 목적대로 회복시켜야 한단다. 이 말씀을 기억하며 그림책을 읽어 보자.

| 그림책을 나눠요 |

평화 책
토드 파(글, 그림) • 평화를품은책(2016)

'평화는 무엇일까'에 대한 25가지 정의를 담고 있습니다. 개인의 평화(사랑하는 누군가를 생각하는 것, 네 자신의 모습 그대로인 것), 이웃과의 평화(친구를 안아 주는 것, 누군가를 아프게 했을 때 미안하다고 말하는 것), 사회와의 평화(세상 모든 사람에게 피자가 넉넉하게 있는 것, 모두에게 집이 있는 것), 자연과의 평화(모든 물고기를 위해 물을 푸르게 하는 것, 거리를 깨끗하게 하는 것)를 이야기합니다.

❶ 표지를 보며 추론해요

- 책을 읽기 전, 표지를 먼저 보며 흥미를 이끄는 정도로 간단하게 이야기를 나눕니다.

  Q '평화' 하면 어떤 것이 떠오르지? 어떤 표정을 짓게 되지?

❷ 그림책을 보며 생각을 나눠요

- 25가지 평화에 대한 정의와 그림을 보며 가족들이 서로 생각하는 평화의 의미에 대해서 이야기를 나눕니다. 모든 그림을 자세히 이야기하기보다 자녀들이 관심을 보이는 장면에 머물러 이야기합니다.

> 평화는 친구를 새로 사귀는 거래. 그림 속의 친구들은 어떤 친구인 것 같아? 그림 속의 친구들을 새로 사귀어 보고 싶어? 우리는 어떤 친구를 사귀어 볼까?

> 평화는 다른 옷을 입어 보는 거래. 다른 옷은 어떤 옷일까? 왜 이런 것이 평화일까? 다른 옷을 입는다는 것은 무엇을 의미할까?

> 평화는 신발이 필요한 누군가에게 신발을 주는 거래. 이 벌레는 신발이 진짜 많이 필요한 것 같아. 신발을 주는 것이 왜 평화일까?

❸ **삶으로 나눠요**

- 하나님은 이리와 어린 양이 함께 풀을 먹으며 사이좋게 지내는 평화의 모습을 말씀하십니다. 하나님 나라가 온전히 이루어질 때 볼 수 있는 평화(샬롬)의 모습은 어떠할지 이야기를 나눕니다.

> 이리와 어린 양이 함께 풀을 먹는 모습은 어떠할까?

> 서로 해치거나 상하게 하는 일이 전혀 없는 세상은 어떤 모습일까?

이야기를 정리해요 ◆ 평화(샬롬)란 나뿐만 아니라 이웃, 사회, 자연 등 모든 영역이 원래의 모습대로 회복되는 것을 뜻해. 잘못했을 때 미안하다고 사과하는 것도, 신발이 필요한 친구에게 신발을 주는 것도, 물고기가 살아갈 수 있도록 바다를 깨끗하게 지켜 주는 것도 모두 평화를 이루는 것이란다. 하나님은 이리와 어린 양이 함께 있고, 사자가 소처럼 여물을 먹는 것과 같은 평등과 사랑이 공존하는 세상을 말씀하셨어. 우리 모두 이러한 세상으로 회복되는 평화를 만들어 갈 수 있도록 노력하자.

기도해요

하나님 아버지, 하나님이 창조하신 목적대로 개인과 이웃, 사회, 자연과 평화를 이루어 가는 우리가 되게 해주세요. 예수님의 이름으로 기도합니다. 아멘.

활동해요

❶ 나의 '평화는…' 짓기

준비물 종이, 채색도구

1 토드 파 아저씨는 평화는 서로 다름을 아는 것이고, 스스로 기분 좋게 느끼는 것이고, 다른 사람들을 돕는 것이라고 생각했습니다. "○○가 생각하는 평화는 무엇일까?"라고 물어보며 가족들이 각자 생각하는 평화에 대해 이야기를 나눕니다.
2 책의 맨 마지막 페이지 또는 종이에 가족들이 생각한 평화에 대해 글과 그림으로 표현합니다.

❷ 우리 가족 평화 책 만들기

준비물 종이, 채색도구, 가위

1 종이를 그림과 같이 접어 미니북을 만듭니다.

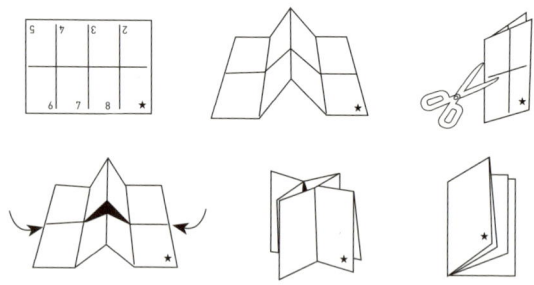

2 표지에 '○○의 평화 책'이라고 쓰고 그림을 그려 표지를 만듭니다.
3 개인의 평화, 이웃과의 평화, 사회와의 평화, 자연과의 평화를 각각 구성하여 평화 책을 완성합니다.

미/사/감 표현해요

예배를 드리고 난 후 서로에게 마음을 표현하며 꼬옥 안아 줍니다.
(~때문에) **미안해요** / **사랑해요** / **감사해요**

17주차 평화 만들기

기도해요

평화를 원하시는 하나님 아버지, 마음과 정성을 다해 드리는 우리의 예배를 기쁘게 받아 주세요. 예수님의 이름으로 기도합니다. 아멘.

말씀을 읽어요

시기심과 경쟁심이 있는 곳에는 혼란과 온갖 악한 행위가 있습니다. 그러나 위에서 오는 지혜는 우선 순결하고, 다음으로 평화스럽고, 친절하고, 온순하고, 자비와 선한 열매가 풍성하고, 편견과 위선이 없습니다. 정의의 열매는 평화를 이루는 사람들이 평화를 위하여 그 씨를 뿌려서 거두어들이는 열매입니다.

야고보서 3:16-18, 새번역

말씀을 나눠요 ◆ 지혜는 단순히 똑똑한 것을 이야기하지 않아. 오늘 본문에서 말하는 지혜에는 두 가지가 있는데, 첫째는 세상으로부터 오는 지혜이고, 둘째는 하늘로부터 오는 지혜란다. 세상적인 지혜를 가진 사람들은 자기중심적이야. 시기는 다툼을 일으키고, 그 다툼은 분열을 일으켜서 모두에게 파멸을 가져오지. 그러나 위에서 난 지혜, 즉 하나님께서 주신 지혜는 시기와 미움과 분리의 마음이 아니라 평화의 마음이란다. 이 마음은 하나님과 평화를 이루고, 사람들과 평화를 만들어 가지. 이 말씀을 기억하며 그림책을 읽어 보자.

> 그림책을 나눠요

아기 늑대 세 마리와 못된 돼지
유진 트리비자스(글), 헬린 옥슨버리(그림) • 시공주니어(2006)

바깥 세상에 나갈 시간이 된 늑대 세 마리는 벽돌, 콘크리트, 철근으로 살 집을 짓습니다. 한편 크고 못된 돼지는 입김, 쇠망치, 드릴, 심지어 다이너마이트까지 동원하여 번번이 늑대들의 집을 부숩니다. 마지막으로 늑대들은 꽃으로 집을 짓습니다. 돼지는 집을 날려 버리려고 숨을 들여 마시다가 꽃향기를 맡고는 마음이 점점 부드러워집니다. 그리고 지금까지 자신이 한 짓이 얼마나 끔찍한 일이었는지 깨닫게 됩니다. 돼지의 변화에 늑대들은 돼지와 인사를 나누고 함께 놀며 집으로 초대합니다.

❶ 표지를 보며 추론해요

- 책을 읽기 전, 표지를 먼저 보며 흥미를 이끄는 정도로 간단하게 이야기를 나눕니다.

    Q 표지 그림 속의 늑대들은 뭘 하고 있어? 어떤 늑대들인 것 같아?

    Q 늑대들은 무슨 일을 하고 있었을까?

❷ **그림책을 보며 생각을 나눠요**

- '아기 돼지 세 마리' 이야기의 패러디 그림책입니다. 원작을 아는 경우 원작과 다른 점을 비교하며 재미를 더 느낄 수 있습니다. 하지만 오늘은 차이를 비교하기보다 그 자체로서의 이야기를 생각해 보도록 합니다.

    Q 늑대들은 자꾸만 더 튼튼한 집을 지으려고 했어. 어떤 생각으로 그랬을까?

    Q 늑대들이 더 튼튼한 집을 지을 때마다 돼지는 어떻게 했지? 돼지는 어떤 생각으로 그랬을까?

    Q 꽃으로 지은 집은 약한데 무너지지 않았어. 무엇이 돼지의 마음을 바꾸게 했을까?

❸ **삶으로 나눠요**

- 참된 평화를 위해서는 무기와 장벽이 아닌 하나님이 주시는 지혜가 필요합니다. 크고 못된 마음을 부드러워지게 하는 하나님의 지혜에 대해 이야기를 나눕니다.

    Q 크고 못된 마음은 어떤 마음일까? 어떻게 그 마음을 부드럽게 할 수 있을까?

    Q 평화를 이루기 위해서 우리는 어떤 씨를 뿌려야 할까?

이야기를 정리해요 ◆ 아기 늑대들은 못된 돼지를 막기 위해 벽돌과 시멘트와 철근으로 집을 지었지만, 그러한 방법으로는 못된 돼지의 행동을 막을 수 없었어. 못된 돼지를 막은 것은 튼튼한 집이 아니라 아름답고 따스한 집이었던 것 기억하지? 이처럼 무기와 장벽으로는 평화를 만들 수 없다는 것을 기억했으면 해. 평화는 위에서 나는 지혜, 즉 하나님이 주시는 지혜로 만들어 갈 수 있단다.

기도해요

하나님 아버지, 무기와 장벽이 아닌, 하나님이 주신 지혜로 참된 평화를 만들어 가는 우리가 되게 해주세요. 예수님의 이름으로 기도합니다. 아멘.

활동해요

❶ 크고 못된 마음 부드럽게 하기

준비물 종이, 필기도구

1 크고 못된 마음은 어떤 마음인지 이야기를 나눕니다.
2 크고 못된 마음들에 이름을 붙여 종이 앞면에 씁니다.
   (예: 남 노는 꼴 못 보기, 남 잘되는 것 샘내기 등)
3 크고 못된 마음들을 부드럽게 하기 위한 방법을 나눕니다. 그리고 마음의 이름이 써 있는 종이 뒷면에 그 방법을 글과 그림으로 표현합니다.

❷ 돼지 인터뷰하기

준비물 핸드폰 카메라, 마이크(손, 모형 마이크 등 상황에 맞게)

1 크고 못된 돼지였다가 마음이 부드러운 돼지가 된 이유를 인터뷰합니다. 이때 변화의 과정을 중점적으로 다룹니다.
   • 질문 : 전에는 크고 못된 돼지였다가 마음이 부드러워진 돼지님을 만나 보겠습니다. 돼지님, 전에는 크고 못된 돼지였다고 하는데 믿겨지지 않습니다. 어떤 돼지였는지 설명을 해주시죠?
   • 질문 : 늑대들이 함께 노는 모습을 보면 어떤 기분이었나요?
   • 질문 : 꽃집을 볼 때 어떤 마음이었나요?
   • 질문 : 꽃향기를 맡으면서 마음이 점점 어떻게 변하였나요?
   • 질문 : 그때 추었던 춤을 잠깐 보여 주실 수 있나요?
2 인터뷰를 영상으로 찍어서 자녀들과 함께 볼 수 있습니다.
3 자녀가 어려워할 경우 인터뷰 내용을 적어서 알려 주고, 부모가 돼지 역할을 할 수 있습니다.

미/사/감 표현해요

예배를 드리고 난 후 서로에게 마음을 표현하며 꼬옥 안아 줍니다.
(~때문에) **미안해요** / **사랑해요** / **감사해요**

기도해요

하나님 아버지, 오늘 예배를 통해 관계를 어떻게 회복해 갈 수 있는지 알아가도록 인도해 주세요. 예수님의 이름으로 기도합니다. 아멘.

말씀을 읽어요

아무에게도 악을 악으로 갚지 말고, 모든 사람이 선하다고 생각하는 일을 하려고 애쓰십시오. 여러분 쪽에서 할 수 있는 대로 모든 사람과 더불어 화평하게 지내십시오. 로마서 12:17-18, 새번역

말씀을 나눠요 ◆ 갈등이란 사람 사이의 관계나 일이 틀어져서 풀 수 없는 상태를 말해. 특별히 나에게 고통을 준 사람이 있다면 행한 대로, 혹은 그 이상으로 되갚아 주고 싶은 마음이 들지. 그런데 로마서 12장에서는 악을 악으로 갚지 말라고 말씀하고 있어. 왜일까? 그 이유는 악한 사람을 이기려고 한다면 그 악한 사람 이상으로 악한 마음을 먹어야 하는데, 그러면 결국 자신도 악한 사람이 되고 말기 때문이야. 그렇기에 우리는 악한 자의 방식을 따르기보다는 악한 자의 의도대로 되지 않도록 하나님께 기도해야 한단다. 또한 하나님 나라의 방식은 보복이 아니라 화목하게 지내는 데 있다는 것을 잊지 말아야 해. 이 말씀을 기억하며 그림책을 읽어 보자.

> 그림책을 나눠요

까마귀 여섯 마리
레오 리오니(글, 사진) • 분도출판사(2007)

평화로운 마을에 밀밭을 돌보며 사는 농부와 여섯 마리 까마귀가 있었습니다. 밀이 익어갈 무렵 까마귀들은 이삭들을 쪼아 먹기 시작했고, 농부는 까마귀들을 쫓아내기 위해 허수아비를 만듭니다. 까마귀들은 아주 무서운 연을 만들어 농부를 놀라게 합니다. 농부와 까마귀의 싸움은 점점 치열해졌고, 이를 지켜보던 부엉이는 농부와 까마귀를 찾아가 대화를 해보기를 권합니다. 부엉이 둥지에서 만난 농부와 까마귀는 긴 대화를 나눕니다.

❶ 표지를 보며 추론해요

- 책을 읽기 전, 표지를 먼저 보며 흥미를 이끄는 정도로 간단하게 이야기를 나눕니다.

    🔍 까마귀를 본 적이 있니? 여섯 마리의 까마귀는 무엇을 하고 있는 것 같니?

    🔍 이 책은 어떤 이야기일 것 같아?

❷ 그림책을 보며 생각을 나눠요

- 농부와 까마귀의 싸움이 왜 어리석은지 이야기를 나눕니다.

    🅀 농부는 까마귀가 시끄럽다고 생각하고, 밀을 먹는 걸 싫어했어. 까마귀를 어떤 존재로 생각하고 있는 걸까?

    🅀 더 무서운 허수아비, 더 크고 사납게 생긴 새를 만드는 싸움의 끝은 어떻게 될까?

- 갈등을 해결하는 마술과 같은 대화의 능력에 대해 이야기를 나눕니다.

    🅀 농부가 대화하기에 이미 늦었다고 생각한 이유는 무엇일까?

    🅀 농부와 까마귀는 어떤 대화를 나누었을까?

    🅀 까마귀의 이야기를 통해 농부는 까마귀를 어떤 존재로 생각하게 되었을까?

❸ 삶으로 나눠요

- 악을 악으로 갚지 않고 모든 사람과 화평하게 지내기 위해 필요한 것에 대해 이야기를 나눕니다.

    🅀 농부와 까마귀가 적대적으로 행동하지 않고 다르게 행동했다면 이야기가 어떻게 달라졌을까?

    🅀 악을 악으로 갚지 않으려면 어떤 마음이 필요할까?

이야기를 정리해요 ◆ 갈등이란 일이 엉망으로 뒤엉켜서 풀기 어려운 상태를 말하는데, 아쉽게도 많은 사람들이 이러한 갈등을 견디지 못하고 회피하거나 지나치게 상대를 비난함으로 관계를 회복할 수 없는 지경에 이르기도 한단다. 갈등이 일어났을 때는 대화를 통해 하나씩 풀어갈 수 있어. 서로가 어떤 감정과 욕구를 가지고 있는지를 발견하고, 무시와 배제가 아닌 존중과 배려의 태도를 갖게 되지. 대화를 통해 나 중심적인 사고의 틀에서 벗어나 상대방의 마음과 생각이 무엇인지 알고 평화를 이뤄가는 우리가 되도록 하자.

기도해요

하나님 아버지, 사람과의 관계 속에서 갈등이 있을 때 존중과 배려가 가득한 대화로 어려움을 풀어갈 수 있도록 도와주세요. 예수님의 이름으로 기도합니다. 아멘.

활동해요

❶ 대화는 ○○이다

1 부엉이가 대화가 마술과 같다고 한 이유에 대해 이야기를 나눕니다.
2 각자 대화를 정의하고 그 이유에 대해 이야기를 나눕니다.

❷ 우리 가족의 마술 대화

1 가족에게 마술 같은 대화가 필요할 때가 언제인지 이야기를 나눕니다.
2 마술 같은 대화를 나눌 때 필요한 원칙(요청 방법, 대화의 장소, 중재자 선정 방법, 대화 나눌 때 지켜야 할 일 등)에 대해 이야기를 나눕니다.
  (예: 상대방의 말을 끊지 않고 1분간은 잘 듣는다)
3 대화를 위한 원칙을 기록하고, 필요한 물품(1분 모래시계나 타임 위치 등)을 준비합니다.

미/사/감 표현해요

예배를 드리고 난 후 서로에게 마음을 표현하며 꼬옥 안아 줍니다.
(~때문에) **미안해요** / **사랑해요** / **감사해요**

19주차
가족

기도해요

우리 가정의 주인이신 하나님 아버지, 이 시간 온 가족이 함께 모여 예배를 드려요. 이 예배를 기쁘게 받아 주세요. 예수님의 이름으로 기도합니다. 아멘.

말씀을 읽어요

그러자 룻이 대답하였다. "나더러, 어머님 곁을 떠나라거나, 어머님을 뒤따르지 말고 돌아가라고는 강요하지 마십시오. 어머님이 가시는 곳에 나도 가고, 어머님이 머무르시는 곳에 나도 머무르겠습니다. 어머님의 겨레가 내 겨레이고, 어머님의 하나님이 내 하나님입니다." 룻기 1:16, 새번역

말씀을 나눠요 ◆ 이스라엘에 흉년이 들자 나오미는 남편과 두 아들을 데리고 모압으로 이사를 갔어. 두 아들은 모압 여인과 결혼을 했는데, 얼마 지나지 않아 나오미는 남편과 두 아들을 모두 잃게 되었지. 결국 나오미는 두 며느리에게 이별을 고하고, 홀로 고향으로 돌아가기로 결심했어. 하지만 룻은 시어머니를 돌보기 위해 이스라엘에 함께 가기로 결심했단다. 또한 룻은 그동안 어머니가 섬겼던 하나님을 자신도 믿겠다고 했어. 룻과 나오미는 가족이라는 이름으로 새 출발을 하게 되었지. 이 말씀을 기억하며 그림책을 읽어 보자.

| 그림책을 나눠요 |

가족은 꼬옥 안아 주는 거야
박윤경(글), 김이랑(그림) • 웅진주니어(2011)

다르기도, 같기도 한 두 사람이 만나 결혼을 하고 아기를 낳으며 한 가족을 이루었습니다. 가족은 보살펴 주는 것, 함께하는 게 많은 것, 때때로 다투고 서로 미워질 수도 있는 것 등 가족이 되어 가는 과정을 13가지로 이야기합니다.

❶ 표지를 보며 추론해요

- 책을 읽기 전, 표지를 먼저 보며 흥미를 이끄는 정도로 간단하게 이야기를 나눕니다.

  > Q 그림 속 가족들은 무엇을 하고 있지? 왜 이러고 있을까?

  > Q "가족은 꼬옥 안아 주는 거야"라고 하는데 왜 그럴까?

❷ 그림책을 보며 생각을 나눠요

- 한 가족의 이야기를 통해 가족이 되어 가는 과정을 보여 주는 책입니다. 그림으로 소소한 에피소드를 보여 주고 있기 때문에 글만 읽지 말고 그림을 자세히 살펴보며 이야기를 나눕니다. 우리 가족의 이야기도 함께 나눕니다.

- 엄마는 코코아를 좋아하고 아빠는 팥빙수를 좋아했대. 우리 가족은 무엇을 좋아할까?

- 함께 살면서 점점 닮아가기도 한대. 우리 가족이 점점 닮아가는 부분은 무엇일까?

- 새로운 가족이 생기면 기쁨도 커진대. 가족이 되는 방법은 여러 가지야. 어떤 가족이 있을까? (책 뒤에 나오는 다양한 가족의 모습을 참고합니다)

❸ 삶으로 나눠요

• 룻과 나오미는 서로를 사랑으로 보살피고 신앙의 모습을 닮아가며 믿음의 가정을 만들어 갔습니다. 믿음의 가족이 되어 가는 우리 가족의 모습에 대해서 이야기를 나눕니다.

- 하나님을 믿는 우리 가족은 어떤 모습일까? (믿음의 가족인 우리는 ○○○해요)

- 하나님을 잘 믿는 가족이 되려면 어떻게 해야 할까?

이야기를 정리해요 ◆ 남자와 여자가 만나 한 가정을 이루고, 또 다른 만남을 통해 가족이 되어 가는 과정을 지켜볼 수 있었어. 우리 역시 이렇게 행복한 믿음의 가정을 이루어야 하지. 믿음의 가정을 이루어 간다는 것은, 아빠와 엄마가 믿는 하나님이 너희의 하나님이 되는 것을 뜻해. 나오미의 하나님이 룻의 하나님이 되었던 것처럼 말이야. 우리도 언제나 서로 사랑하고 응원하며 큰 기쁨을 주고, 소중한 것들을 가르쳐 주면서 하나님을 경외하는 믿음의 가정을 세워 갈 수 있도록 다 같이 노력하자.

기도해요

하나님 아버지, 믿음의 가정을 이루게 해주셔서 감사해요. 가족끼리 서로 응원하고, 사랑하고, 어려울 때 돕고, 함께 하나님을 경외할 수 있도록 인도해 주세요. 예수님의 이름으로 기도합니다. 아멘.

활동해요

❶ 가족은 ○○이다

1 가족은 어떤 공동체인지 이야기합니다. '가족이구나'라고 느껴지는 순간이나, '가족이니깐'이라고 생각되는 부분에 대해서 이야기를 나눕니다.
2 긍정적이고 좋은 이야기뿐 아니라 속상하고 화가 났을 때에 대해서도 자연스럽게 이야기할 수 있습니다. (예: 가족은 똑같은 말이라도 ○○가 ○○라고 말하면 더 속상해지는 것) 단, 마지막에는 긍정적인 표현으로 마무리하도록 합니다.

❷ 우리 가족 소개하기

[준비물] 종이, 채색도구, 사진

1 우리 가족의 시작, 서로를 보살펴 주는 방법, 보기만 해도 웃음이 날 때, 함께한 추억, 닮은 점 등 책의 내용 중 자녀들이 의미 있게 반응했던 것을 위주로 해서 우리 가족을 소개하는 책을 만듭니다.
2 하나의 소재에 가족 모두가 조금씩 참여하여 완성하도록 합니다.
  (예: 닮은 점에 대해서 소개할 때 아이가 부모의 얼굴을, 부모가 아이의 얼굴을 그리기)
3 우리 가족의 특별한 점은 하나님을 믿고, 가정예배를 드린다는 점이라는 것을 기록합니다.

미/사/감 표현해요

예배를 드리고 난 후 서로에게 마음을 표현하며 꼬옥 안아 줍니다.
(~때문에) **미안해요 / 사랑해요 / 감사해요**

20주차
부모

기도해요

우리 가정의 주인이신 하나님 아버지, 사랑하는 가족들이 함께 모여 예배를 드려요. 이 예배를 기쁘게 받아 주세요. 예수님의 이름으로 기도합니다. 아멘.

말씀을 읽어요

또 아버지 된 이 여러분, 여러분의 자녀를 노엽게 하지 말고, 주님의 훈련과 훈계로 기르십시오. 에베소서 6:4, 새번역

말씀을 나눠요 ◆ 성경은 자녀가 부모에게 순종해야 하듯, 부모는 자녀를 양육하되 노엽게 하지 말라고 이야기하고 있어. 노엽게 한다는 말은 자녀의 마음을 분노하게 하여 상처를 준다는 뜻이야. 자녀는 부모가 회초리를 들고 혼을 내서 상처를 받기보다는, 자신의 감정에 따라 자녀를 대할 때 상처를 받게 된단다. 그래서 성경은 부모에게 주의 훈련과 훈계로 자녀들을 양육하라고 했어. 즉, 부모가 가진 가치와 감정대로 자녀를 양육하지 말고, 예수님의 마음을 가지고 하나님께서 기뻐하시는 방식으로 자녀를 양육하라고 한 거야. 이 말씀을 기억하며 그림책을 읽어 보자.

| 그림책을 나눠요 |

딸은 좋다
채인선(글), 김은정(그림) • 한울림어린이(2017)

딸을 낳고 키우며 느낄 수 있는 즐거움을 담은 그림책입니다. 딸은 치마도 입을 수 있고 바지도 입을 수 있으며, 머리도 예쁘게 묶을 수 있고, 엄마 일을 돕기도 하며, 아빠의 마음을 즐겁게 해주는 방법도 압니다. 싸우고 나서 화해하는 편지를 보내기도 합니다. 엄마를 통해 세상을 배우던 딸이 결혼하여 엄마가 되니 좋습니다. 딸이든 아들이든 자녀를 키우는 즐거움을 맛볼 수 있기 때문입니다.

❶ 표지를 보며 추론해요

- 책을 읽기 전, 표지를 먼저 보며 흥미를 이끄는 정도로 간단하게 이야기를 나눕니다.

  Q '딸은 좋다'라고 하는데 왜 좋을까?

  Q (가족 상황에 맞추어) 아들(쌍둥이)은 뭐가 좋을까?

❷ **그림책을 보며 생각을 나눠요**

- 딸을 낳고 키우는 과정을 다루고 있습니다. 책의 장면과 비슷한 경험을 적극적으로 나누면서 자녀에 대한 사랑의 마음을 표현할 수 있습니다.

    Q ○○도 엄마(아빠)랑 외출했을 때 사람들이 엄마(아빠)와 닮았다고 얘기했었지?

    Q ○○도 ○○ 옷 입은 모습이 ○○ 같았어. 기억나?

    Q ○○도 ○○춤 잘 추는데 어떻게 하지?

❸ **삶으로 나눠요**

- 자녀를 노엽게 하지 말고, 주님의 훈련과 훈계(타일러서 잘못이 없도록 주의를 줌)로 양육하라는 말씀을 기억하며 이야기를 나눕니다.

    Q 자녀가 괜히 화를 낼 때 주님의 훈련과 훈계로 양육하려면 어떻게 해야 할까? 자녀 입장에서 부모가 어떻게 해주기를 바라지?

    Q 자녀가 부모에게 기쁨을 주었을 때 주님의 훈련과 훈계로 양육하려면 어떻게 해야 할까? 자녀 입장에서 부모가 어떻게 해주기를 바라지?

    Q 책에서는 자녀에게 자신의 꿈을 가지고 좋아하는 일을 하라고 이야기하고 있어. 엄마, 아빠는 ○○가 ○○○게 살았으면 좋겠어. 왜냐하면 ○○하기 때문이야. ○○는 어떻게 생각해? 그러기 위해서는 ○○을 하는 것이 중요하다고 생각해서 엄마랑 아빠도 노력하고 있거든.

이야기를 정리해요 ◆ 딸을 키우면서 느끼는 엄마, 아빠의 마음을 잘 표현한 책인 것 같아. 엄마랑 아빠도 우리 ○○를 키우면서 이런 기쁨을 가지고 ○○와 함께하고 있어. 너희를 보며 기쁘고 행복할 때마다 더욱 하나님의 자녀로 키우고 싶다는 마음이 커져 간단다. 때로는 ○○를 훈계하고 가르치면서 ○○이의 마음을 상하게 하고 아프게 할 때도 있었을 거야. 혹시 마음이 아팠다면 용서해 줄래? 엄마, 아빠도 ○○를 더욱더 사랑하며 예수님이 기뻐하시는 모습으로 가르치는 부모가 되도록 노력할게.

기도해요

하나님 아버지, 하나님이 원하시는 훈련과 훈계로 양육하고, 또 양육을 받을 수 있는 부모와 자녀가 되게 해주세요. 예수님의 이름으로 기도합니다. 아멘.

활동해요

❶ 'OO은 좋다' 책 만들기

준비물 종이, 채색도구

1 우리 집 상황에 맞추어 'OO(딸, 아들, 쌍둥이)은 좋다' 책을 만듭니다.
2 자녀를 낳고 키울 때 좋았던 마음을 기억하고 표현하는 시간이 될 수 있습니다. 이때 자녀가 미안한 마음을 갖게 하는 말은 삼갑니다. (예전에는 OO랬는데 지금은~) 자녀가 선물로 와서 부모에게 주었던 기쁨과 감사를 나누는 시간이 되도록 합니다.

❷ 주님의 훈련과 훈계로 양육하는 5계명 만들기

준비물 종이, 채색도구

1 부모가 생각하는 주님의 훈련과 훈계에 대해 이야기합니다.
2 자녀가 부모의 이야기를 들으며 동의하는 것과 동의하지 않는 것에 대해 이야기합니다.
3 부모와 자녀가 동의하는 항목을 3~5가지 정도 선정합니다.
4 선정된 내용을 종이에 글과 그림으로 표현합니다.
5 선정된 내용을 가지고 기도합니다.

미/사/감 표현해요

예배를 드리고 난 후 서로에게 마음을 표현하며 꼬옥 안아 줍니다.
(~때문에) 미안해요 / 사랑해요 / 감사해요

21주차
자녀

기도해요

우리 가정의 주인이신 하나님 아버지, 가족을 선물로 주셔서 감사해요. 오늘도 마음과 정성을 다해 예배드리겠어요. 이 예배를 기쁘게 받아 주세요. 예수님의 이름으로 기도합니다. 아멘.

말씀을 읽어요

자식은 주님께서 주신 선물이요, 태 안에 들어 있는 열매는, 주님이 주신 상급이다.

시편 127:3, 새번역

말씀을 나눠요 ◆ 하나님은 이스라엘 백성들에게 가나안 땅을 선물로 주신 것처럼, 부모에게 자녀를 선물로 주셨어. 자녀라는 선물은 부모의 노력과 수고의 결과가 아니라 전적인 하나님의 은혜란다. 그렇다면 부모는 선물로 받은 자녀를 어떻게 양육해야 할까? 부모는 하나님의 청지기로서 말씀대로 자녀를 잘 양육하고 훈련해야 해. 왜냐하면 하나님의 도움 없이 부모의 힘과 능력으로는 자녀를 바르게 양육하기 쉽지 않기 때문이야. 하나님께서 선물로 주신 자녀를 힘써 믿음으로 양육하는 것이 부모의 사명이란다. 이 말씀을 기억하며 그림책을 읽어 보자.

그림책을 나눠요

아빠와 나
세르주 블로크(글, 그림) • 국민서관(2012)

아빠, 엄마, 남동생과 사는 샘이 아빠와의 일상을 이야기하는 그림책입니다. 샘은 자신을 '슈퍼 샘'으로 불러 달라고 하지만 아빠에게는 '뚱뚱한 울 아빠'라고 말합니다. 그림 그리는 게 아빠의 일이니 이것저것 그림을 그려 달라고 조르고, 가면도 만들어 달라고 합니다. 함께 거리를 걸을 때, 공원을 지나갈 때, 시골에 갈 때 등의 상황에서 아빠와 샘은 서로 마음이 같기도 하고 다르기도 합니다.

❶ 표지를 보며 추론해요

- 책을 읽기 전, 표지를 먼저 보며 흥미를 이끄는 정도로 간단하게 이야기를 나눕니다.

    두 사람은 어떤 사이일까?

    이 책은 어떤 이야기일 것 같아?

❷ 그림책을 보며 생각을 나눠요

• 글은 샘의 목소리를 전해 주지만, 그림을 통해서 다른 가족들의 생각이나 마음을 전해 주는 그림책입니다. 그림을 자세히 보면서 샘과 가족들의 일상과 마음에 대해 이야기를 나눕니다.

> Q "뚱뚱한 울 아빠"라고 하면 아빠가 뽀로통해진대. 우리 아빠도 뽀로통해지는 말이 있을까? "아빠가 좋아서"라고 하면 금세 풀린대. 왜 그럴까?

> Q 온종일 할머니 테이프를 들을 때 그만 들으라고 혼을 내기도 한대. 왜 그럴까? 아빠가 뭐라고 얘기하면서 혼을 낼까?

❸ 삶으로 나눠요

• 그림을 통해 샘의 요구에 어려워하는 부모의 모습을 볼 수 있습니다. 자녀들은 부모의 수고에 감사하며 부모에게 사랑과 존경을 표현할 수 있어야 합니다. 자녀들이 부모의 마음을 이해하고 기쁘게 순종할 수 있도록 부모의 생각을 이야기합니다.

> Q 샘은 아빠에게 어떤 아들인 것 같아? 너희는 엄마, 아빠에게 어떤 자녀인 것 같아?

> Q 아빠가 샘에게 바라는 것들이 있을까? 엄마, 아빠도 너희가 이렇게 해주었으면 좋겠다고 생각하는 것이 있을 것 같아?

> Q 성경은 부모에게 순종하라고 말하고 있어. 엄마, 아빠는 너희가 ○○게(상황, 태도 등 한두 가지 정도만) 순종하기를 바라. 그것에 대해서 너희는 어떻게 생각하니?

이야기를 정리해요 ◆ 성경은 자녀는 하나님이 주신 선물이요 상급이라고 이야기했어. 부모는 소중하고 특별한 존재인 자녀를 사랑과 수고로 양육해야 하지. 반면에 자녀는 그 사랑을 받고 누리면서 감사와 존경으로 부모를 대해야 하고 말이야. 샘이 아빠에게 이것저것 요구하는 모습을 보았지? 불편한 요구에도 아빠는 최선을 다해 받아 주고 사랑해 주었어. 샘은 그런 아빠의 모습을 당연하게 여기지 않고 감사한 마음을 가져야 하겠지. 부모는 사랑으로 수고하고, 자녀는 감사로 순종할 때 진정으로 행복한 부모, 자녀 사이가 될 수 있을 거야.

기도해요

하나님 아버지, 부모에게는 자녀가, 자녀에게는 부모가 선물임을 알았어요. 부모에게도 자녀가 처음이고, 자녀에게도 부모가 처음이듯이 서로 이해하고 사랑하는 가족이 되게 해주세요. 예수님의 이름으로 기도합니다. 아멘.

활동해요

❶ '아빠와 나' 이야기

1. 아빠가 불러 주었으면 하는 애칭(또는 아빠가 불러 주었을 때 좋았던 애칭), 아빠가 해주었으면 하는 일들(또는 아빠가 해주어서 좋았던 일들)에 대해 이야기합니다.
2. 아빠와 나만의 특별한 추억을 이야기합니다. 이때 아빠가 먼저 그때 느꼈던 마음과 기쁨에 대해 진솔하게 이야기합니다.
3. 자녀들이 두리뭉술하게 이야기할 때 부모님들이 좀 더 구체적으로 이야기해 주며 자신의 추억과 마음의 상태를 어떻게 표현할 수 있는지 자연스럽게 알려 줍니다.

❷ 아빠는 이런 마음, 나는 이런 마음

준비물 종이, 채색도구

1. 어떤 상황을 설정합니다. (휴일에 하고 싶은 일 등)
2. 그때 아빠, 엄마, 자녀는 어떤 마음인지 각자 바람을 적거나 그립니다. 상대방에게 보여 주지 않습니다.
3. 동시에 아빠, 엄마, 자녀의 마음을 공개하고, 각각의 마음을 설명합니다.
4. 각자의 바람을 종합하여 앞으로의 계획을 세웁니다.

> **미/사/감 표현해요**
> 예배를 드리고 난 후 서로에게 마음을 표현하며 꼬옥 안아 줍니다.
> (~때문에) 미안해요 / 사랑해요 / 감사해요

22주차

형제

기도해요

우리 가정의 주인이신 하나님 아버지, 서로를 사랑하는 우리 가족이 함께 모여 예배를 드립니다. 이 예배를 기쁘게 받아 주세요. 예수님의 이름으로 기도합니다. 아멘.

말씀을 읽어요

사랑은 오래 참고, 친절합니다. 사랑은 시기하지 않으며, 뽐내지 않으며, 교만하지 않습니다. 고린도전서 13:4, 새번역

말씀을 나눠요 ◆ 고린도 교회 성도들은 외적으로 드러나는 방언과 예언 같은 은사를 자랑하는 것을 좋아했어. 하지만 은사가 있어도 이웃을 사랑하는 마음이 없으면 참된 그리스도인이라고 할 수가 없는데, 고린도 교회 성도들은 서로에 대한 사랑이 부족했단다. 오늘 본문을 보면, 고린도 교회 성도들은 다른 사람에 대해 오래 참지 못했고, 친절히 대하지도 않았어. 또한 상대방을 시기하고, 다른 사람에게 인정받기 위해 자신을 자랑하며 뽐냈지. 고린도 교회 성도들에게 필요했던 것은 특별한 은사와 방언이 아니라 예수님처럼 자신을 내어 주는 사랑, 즉 상대방에 대한 오래 참음, 친절, 겸손의 모습이었단다. 이 말씀을 기억하며 그림책을 읽어 보자.

| 그림책을 나눠요 |

터널
앤서니 브라운(글, 그림) • 논장(2018)

자기 방에서 책을 읽거나 공상하는 것을 좋아하는 동생과 밖에 나가서 친구들과 뛰어노는 것을 좋아하는 오빠. 정반대인 두 사람은 만나기만 하면 티격태격 다툽니다. 엄마의 야단에 둘은 도시의 쓰레기장으로 가게 되고, 그곳에서 터널을 발견합니다. 소심한 동생은 아무리 기다려도 나오지 않는 오빠를 찾아 용기를 내어 터널로 들어갑니다. 무서운 숲을 지나 공터에 간 동생은 돌처럼 굳어 버린 오빠를 발견하고, 자신이 너무 늦었다는 생각에 오빠를 꼭 안고 울음을 터트립니다. 그러자 오빠는 따스해지며 사람으로 바뀝니다. 숲을 지나 터널을 지나 다시 집으로 돌아온 남매는 서로를 보고 웃습니다.

❶ **표지를 보며 추론해요**

- 책을 읽기 전, 표지를 먼저 보며 흥미를 이끄는 정도로 간단하게 이야기를 나눕니다.

    Q 터널은 어떤 곳이지?

    Q 그림처럼 작은 터널에 들어가야 한다면 어떨 것 같아?

❷ 그림책을 보며 생각을 나눠요

- 서로 다른 성향의 남매는 만나기만 하면 다툽니다. 그랬던 남매가 서로 화해하며 서로의 존재를 받아들이게 된 과정 가운데 서로의 마음이 어땠는지 이야기를 나눕니다.

  Q 오빠와 동생은 어떤 면에서 서로 달랐지?

  Q 오빠는 평소에 동생에 대해 어떻게 생각했지? 동생은 오빠에 대해 어떻게 생각했을까?

  Q 돌로 굳어진 오빠가 돌아올 수 있었던 이유는 무엇일까?

❸ 삶으로 나눠요

- 형제를 위해서 행동했던 사랑의 모습에 대해 이야기를 나눕니다.

  Q 동생은 평소라면 하지 않았을 행동을 해. 오빠를 위해서 어떤 행동을 했지? 그때 동생은 어떤 마음이었을까?

  Q 형제를 위해 나는 어떤 사랑의 수고를 할 수 있을까?

이야기를 정리해요 ◆ 성향이 너무나 다른 오빠와 동생은 자주 다투었어. 하지만 동생은 터널로 들어간 오빠를 걱정해서 용기를 내었고, 돌로 변한 오빠를 사랑의 마음으로 감싸 안았어. 바로 그때 오빠는 다시 사람의 모습으로 돌아왔지. 이처럼 사랑의 마음은 서로의 관계를 연결시키고 변화시키는 것 같아. 처음의 이 남매처럼, 고린도 교회 사람들도 서로의 다름을 시기하고 질투하며 자기를 뽐내는 것에 관심을 가졌다고 해. 하지만 그것은 옳은 행동이 아니야. 성경은 서로 사랑한다는 것은 오래 참고 친절하고 교만하지 않는 것이라고 말하고 있단다. 형제끼리, 자매끼리 서로 사랑함으로 좋은 관계를 이루어 가고, 서로를 따스함으로 변화시키는 우리가 되도록 하자.

기도해요

하나님 아버지, 우리의 형제자매를 시기하기보다 좀 더 오래 참고, 좀 더 친절한 사랑의 모습을 보여 줄 수 있도록 도와주세요. 예수님의 이름으로 기도합니다. 아멘.

활동해요

❶ 형제 초상화 그리기

준비물: 도화지, 채색도구, 포스트잇

1. 형제(혹은 남매, 자매, 사촌이나 공동체의 지인)의 초상화를 그립니다.
2. 형제에 대해 알고 있는 다양한 정보(좋아하는 것, 싫어하는 것 등)를 겹치지 않게 포스트잇에 써서 붙입니다.
3. 초상화의 당사자가 포스트잇의 내용에 대한 자신의 의견을 이야기하며 수정, 보완합니다.

❷ 형제 사랑 쿠폰 만들기

준비물: 종이, 채색도구

1. 각 형제에게 줄 사랑 쿠폰을 만듭니다. (참아 주기, 심부름 대신 해주기 등) 너무 많이 만들지 않도록 합니다.
2. 받고 싶은 쿠폰 내용을 이야기할 수도 있습니다.
3. 언제 쿠폰을 사용할 수 있는지, 쿠폰을 요청했을 때 어떻게 할 것인지 이야기를 나눕니다.
4. 제작한 쿠폰 수여식을 갖습니다.

미/사/감 표현해요

예배를 드리고 난 후 서로에게 마음을 표현하며 꼬옥 안아 줍니다.
(~때문에) **미안해요** / **사랑해요** / **감사해요**

23주차 가족 성찰

기도해요

우리 가정의 주인이신 하나님 아버지, 오늘도 하나님을 경외하는 마음으로 예배를 드려요. 이 예배를 기쁘게 받아 주세요. 예수님의 이름으로 기도합니다. 아멘.

말씀을 읽어요

그는 경건한 사람으로 온 가족과 더불어 하나님을 두려워하며, 유대 백성에게 자선을 많이 베풀며, 늘 하나님께 기도하는 사람이었다. 사도행전 10:2, 새번역

말씀을 나눠요 ◆

고넬료는 가이사랴 지방에서 근무하는 로마 군대의 장교로, 부하 100명을 거느리는 백부장이었어. 고넬료는 이방인이었지만 하나님을 믿게 되었단다. 그의 신앙에서 볼 수 있는 특징 중 하나는 혼자만의 신앙을 가진 게 아니라 온 가족이 함께 하나님을 경외(공경하고 두려워함)했다는 거야. 또한 고넬료는 이웃을 섬기는 사람이었단다. 자기 민족이 아님에도 불구하고 이방민족을 구제하는 일에 힘을 다했지. 그는 다른 사람에게 피해를 주지 않는 정도에 만족하지 않고, 다른 이의 필요를 기꺼이 채워 주려고 노력한 성숙한 신앙인이었어. 이러한 고넬료는 하나님과 주변 사람들에게 칭찬을 받았단다. 이 말씀을 기억하며 그림책을 읽어 보자.

> 그림책을 나눠요

행복한 우리 가족
한성옥(글, 그림) • 문학동네(2006)

이 책은 휴일에 가족들과 함께 미술관 나들이를 가는 소연이의 하루를 보여 줍니다. 소연이의 목소리를 통해서는 휴일인데도 가족들을 위해 수고하는 아빠의 모습, 가족들의 건강을 위해 도시락을 싸고, 미리 티켓을 끊어 준비하는 엄마의 모습, 그 모든 순간에 기뻐하며 즐거워하는 소연이의 모습을 볼 수 있습니다. 하지만 그림을 통해서는 엘리베이터 붙잡기, 불법유턴 등 주변 사람들의 눈살을 찌푸리게 하는 소연이 가족의 모습을 볼 수 있습니다.

❶ 표지를 보며 추론해요

- 책을 읽기 전, 표지를 먼저 보며 흥미를 이끄는 정도로 간단하게 이야기를 나눕니다.

    Q '행복한 우리 가족'이라는 제목과 다르게 보이는 것들이 있는데 무엇일까?

    Q 이 책은 어떤 이야기를 담고 있을까?

❷ **그림책을 보며 생각을 나눠요**

- 소연이의 목소리를 들려주는 글과 달리, 그림은 소연이네 가족을 관찰하듯이 보여 줍니다. 그림으로 표현된 소연이 가족의 행동(고속도로 과속 등)에 대해 이야기를 나눕니다.

  🔍 유기농 식품과 웰빙 라이프를 추구하며 휴일마다 나들이를 가는 소연이네 가족은 자신들을 어떤 사람이라고 생각할까?

  🔍 소연이네 가족들의 표정과 소연이네 가족을 바라보는 주위 사람들의 표정은 어떻게 다를까? 왜 이런 차이가 있을까?

  🔍 소연이의 블로그를 통해서 보는 소연이네 모습과 진짜 소연이네 모습은 어떻게 다를까? 왜 그런 차이가 있을까?

❸ **삶으로 나눠요**

- 하나님을 잘 믿는 가정은 어떤 모습이어야 하는지 스스로를 돌아보며 이야기를 나눕니다.

  🔍 고넬료는 경건한 사람으로 온 가족과 함께 하나님을 두려워했다고 했어. 하나님을 두려워하며 살아가는 가정은 어떤 모습일까?

  🔍 소연이네는 다른 사람에게는 엄격하고 자기 자신에게는 관대한 모습을 보였는데, 우리 가정은 어떤 것 같아? 우리가 자신을 살피며 돌이켜야 하는 모습에는 무엇이 있을까?

이야기를 정리해요 ◆ 소연이네 가족은 즐거운 나들이로 행복했어. 하지만 소연이네 가족 때문에 다른 많은 사람들은 불편을 느꼈지. 그에 반해 고넬료는 자기 가족들만 돌보지 않고 이웃들을 사랑하며 섬기는 사람이었단다. 고넬료가 그렇게 할 수 있었던 것은 하나님 앞에서 자신의 삶을 계속해서 생각하고 기도했기 때문이야. 우리도 나만, 우리 가족만 생각하는 삶을 사는 것이 아니라, 하나님 앞에서 늘 자신의 모습을 돌아보고 다른 이웃들도 섬기는 가족이 되도록 노력하자.

기도해요

하나님 아버지, 우리끼리만 행복한 가정이 아닌 다른 이를 사랑하고 섬기며 모두에게 행복을 나누어 줄 수 있는 가정이 되게 해주세요. 예수님의 이름으로 기도합니다. 아멘.

활동해요

❶ 이웃을 생각하는 우리 가정

준비물 종이, 필기도구

1. 소연이네 가족의 모습 중 고의적으로 다른 사람에게 불편함을 주었던 행동은 무엇이었는지 나눕니다.
2. 고의적이지는 않았지만 다른 사람에게 불편함을 주었던 행동은 무엇이었는지 나눕니다.
3. 우리 가족이 고의적으로 혹은 무의식적으로 다른 사람에게 불편함을 준 행동은 무엇이었는지 생각해 보고, 앞으로 어떻게 할지 이야기를 나눕니다.
4. 결정한 규칙들을 표로 만들고 함께 다짐합니다.

❷ 하나님을 두려워하는 우리 가정

준비물 종이, 필기도구

1. 하나님을 두려워한다는 것의 의미에 대해 이야기를 나눕니다.
2. 하나님을 두려워하는 가정의 모습에 대해 이야기를 나눕니다.
3. 하나님을 두려워하며 우리 가정이 돌이켜야 하는 행동, 혹은 계속해서 해 나가야 하는 행동에 대해서 이야기를 나눕니다. 이야기의 내용을 정리하여 기록하며 다시 되새깁니다.

미/사/감 표현해요

예배를 드리고 난 후 서로에게 마음을 표현하며 꼬옥 안아 줍니다.
(~때문에) 미안해요 / 사랑해요 / 감사해요

24주차

욕심

기도해요

우리 가정의 주인이신 하나님 아버지, 오늘 예배를 통해 하나님이 기뻐하시는 것과 미워하시는 것이 무엇인지 알게 해주세요. 예수님의 이름으로 기도합니다. 아멘.

말씀을 읽어요

욕심이 잉태하면 죄를 낳고, 죄가 자라면 죽음을 낳습니다. 야고보서 1:15, 새번역

말씀을 나눠요 ◆ 어떠한 것을 지나치게 탐내거나 누리고자 하는 마음을 욕심이라고 해. 누구나 그런 욕심을 가지고 있는데, 욕심에는 종착역이 없어서 때때로 욕심에 이끌려 자신의 목적을 이루기 위해 수단과 방법을 가리지 않기도 한단다. 일단 욕심이 우리 마음속에 자리를 잡게 되면(잉태하면) 어느 순간에 행동으로 나타나게 되고, 결국 죄를 짓게 되지. 죄는 은밀하게 이루어지는 것 같지만 언젠가는 반드시 드러나게 되어 있어. 또한 회개하지 않은 상태에서 죄가 자라게 되면 결국 죽음에 이르게 된단다. 이 말씀을 기억하며 그림책을 읽어 보자.

| 그림책을 나눠요 |

여섯 사람
데이비드 맥키(글, 그림) • 비룡소(1997)

평화롭게 일하며 살 수 있는 땅을 찾던 여섯 사람은 오랫동안 헤매다 마침내 기름진 땅을 발견합니다. 그곳에서 잘 살게 되자 여섯 사람은 도둑이 올까 걱정되어 군인을 삽니다. 하지만 도둑은 오지 않았고, 여섯 사람은 할 일이 없는 군사들에게 돈 주는 것이 아까워 가까운 농장을 뺏도록 합니다. 그리고 힘을 써보고 싶은 마음에 더 많은 침략을 합니다. 결국 많은 땅과 군사를 둔 여섯 사람과 그들로부터 땅을 잃은 농부들은 강을 두고 대치하게 됩니다. 그러다 오해로 전쟁이 벌어져 모든 것이 사라지게 되고 양쪽 모두 여섯 사람만 남습니다. 그리고 이들은 다시 평화롭게 일하며 살 수 있는 땅을 찾아 떠납니다.

❶ 표지를 보며 추론해요

- 책을 읽기 전, 표지를 먼저 보며 흥미를 이끄는 정도로 간단하게 이야기를 나눕니다.

    Q 여기 몇 명의 사람들이 있지? 이들은 어떤 사람들인 것 같아?

    Q 어디를 향해 가고 있는 걸까? 왜 그럴까?

❷ 그림책을 보며 생각을 나눠요

- 평화롭던 땅이 평화를 깨트리는 요소(전쟁 트라우마, 두려움, 돈 욕심, 힘의 사용, 오해, 무기)로 파괴되어 가는 과정을 살펴봅니다.

    Q 여섯 사람은 왜 평화롭게 일하며 살 수 있는 땅을 찾은 걸까?

    Q 여섯 사람은 감시탑을 세워 놓았지만 아무도 침략하지 않았어. 왜 그랬을까?

    Q 여섯 사람은 힘을 사용하고 싶은 마음이 들었대. 그건 어떤 마음일까?

❸ 삶으로 나눠요

- 인간의 죄가 자라 땅과 사람을 죽게 하는 것을 기억하며, 우리의 죄를 언제 어떻게 다루어야 하는지에 대해 이야기를 나눕니다.

    Q 욕심이 잉태하면 죄를 낳고, 죄가 자라면 죽음을 낳는다는 말씀처럼 여섯 사람들도 돈과 권력에 대한 욕심으로 인해 수많은 사람과 땅을 죽이고 말았어. 여섯 사람이 돌이킬 수 있었던 때는 언제였을까? 어떻게 돌이킬 수 있었을까?

이야기를 정리해요 ◆ 우리는 언제든지 죄를 지을 수 있는 죄의 본성을 가지고 있어. 처음에 여섯 사람은 땅을 빼앗으려 하지도 않고, 누군가를 죽이려고 하지도 않은 것 같아 보였어. 하지만 두려움과 욕심, 권력의 마음이 생기기 시작하면서 끔찍한 일이 일어나고 말았지. 마음을 잘 다스리지 못하면 언제든지 그러한 가슴 아픈 일이 벌어지게 할 수 있는 것이 바로 우리의 모습이야. 욕심이 생길 때마다 회개하면서 죄를 멀리하고, 하나님 뜻을 따라 살아가는 우리가 되도록 노력하자.

기도해요

하나님 아버지, 우리가 더 가지려는 욕심에 사로잡히지 않게 해주시고, 죄의 노예가 되지 않을 수 있도록 도와주세요. 예수님의 이름으로 기도합니다. 아멘.

활동해요

❶ 이야기 다시 만들기

1 여섯 사람의 이야기를 평화의 내용으로 바꾸려면 어디서부터 바꾸고 싶은지 이야기를 나눕니다.
2 왜 그때부터 바꾸고 싶은지, 어떻게 바꾸고 싶은지, 바뀐 결말은 무엇인지 자유롭게 이야기를 나눕니다.

❷ 평화 기도문 만들기

준비물 종이, 채색도구

1 전쟁으로 파괴되는 과정의 요인을 찾습니다.
2 파괴요인을 바꿀 치유의 행동을 찾습니다.
3 ○○의 평화 기도문을 작성합니다.

주여, 나를 평화의 도구로 사용하소서.
_____이 있는 곳에 _____을
_____이 있는 곳에 _____을
_____이 있는 곳에 _____을 가져오는 자 되게 하소서.

미/사/감 표현해요

예배를 드리고 난 후 서로에게 마음을 표현하며 꼬옥 안아 줍니다.
(~때문에) **미안해요 / 사랑해요 / 감사해요**

25주차
성경

기도해요

우리 가정의 주인이신 하나님 아버지, 오늘 예배를 통해 성경이 우리 삶에 어떤 의미가 있는지 알아갈 수 있도록 인도해 주세요. 예수님의 이름으로 기도합니다. 아멘.

말씀을 읽어요

모든 성경은 하나님의 영감으로 된 것으로서 교훈과 책망과 바르게 함과 의로 교육하기에 유익합니다. 디모데후서 3:16, 새번역

말씀을 나눠요 ◆ 경건하게 살았던 바울은 하나님의 복음을 전하면서 수많은 고난과 어려움을 만났어. 바울은 고난을 이길 수 있는 방법을 알려 주었는데, 그것은 바로 하나님의 말씀인 성경을 따르는 것이었단다. 하나님의 영감으로 된 성경을 통해서 우리는 그리스도인으로 살아가는 방법에 대해 배울 수 있어. 성경은 우리에게 어떻게 살아야 하는지 알려 주고, 교훈의 길에서 벗어날 때마다 책망하여 바른 길을 가르쳐 줌으로 우리가 지속적으로 의로운 삶을 살아갈 수 있도록 인도해 준단다. 이 말씀을 기억하며 그림책을 읽어 보자.

그림책을 나눠요

아름다운 책
클로드 부종(글, 그림) • 비룡소(2002)

책을 처음 보는 동생 에르네스트와 형 빅토르가 책을 읽습니다. 현실에서는 가능하지 않은 일들이 책 속에서 펼쳐지자 에르네스트는 책 속에 빠져 자신도 그렇게 할 수 있을 거라고 말합니다. 하지만 빅토르는 꿈을 꾸는 건 좋지만 책에 나오는 걸 그대로 믿으면 안 되고 나름대로 판단을 해야 한다고 말합니다. 그들이 사자를 훈련시키고, 여우를 가지고 노는 토끼 이야기를 보고 있을 때 진짜 여우가 형제를 공격합니다. 책으로 여우를 물리친 형은 껍데기가 커다랗고 딱딱하며 재미있는 이야기가 가득한 또 다른 책을 구해야겠다고 말합니다.

❶ 표지를 보며 추론해요

- 책을 읽기 전, 표지를 먼저 보며 흥미를 이끄는 정도로 간단하게 이야기를 나눕니다.

  Q 아름답다는 것은 무엇일까?

  Q 아름다운 책은 무엇일까? 어떤 책이 아름다운 책일까?

❷ **그림책을 보며 생각을 나눠요**
- 책의 여러 기능들이 토끼들의 관점에서 소개되고 있습니다. 자녀들이 읽었던 책 중에서 비슷한 내용이 있었는지 자녀의 경험과 연결하여 이야기를 나눕니다.

  Q 날개 달린 토끼나 사자를 훈련시키는 토끼와 같이 우리가 할 수 없는 일들을 상상을 통해 보여 주며 즐거움을 준 책은 무엇이 있을까?

  Q 빅토르는 책에 나오는 걸 그대로 다 믿지 말고 나름대로 판단을 해야 한다고 했는데 왜 그랬을까?

❸ **삶으로 나눠요**
- 성경은 어떤 책인지 이야기를 나눕니다.

  Q 성경을 설명해 주는 말은 무엇일까? (○○○○ 성경)

  Q 성경에는 어떤 이야기들이 있을까? 가장 믿을 수 없는 이야기는 무엇일까? 가장 신기한 이야기는 무엇일까? 그 이야기를 통해서 우리는 무엇을 알 수 있을까?

이야기를 정리해요 ◆ 형과 동생이 책을 읽으면서 상상도 하고 꿈을 꾸기도 한 것처럼 책은 우리를 즐겁게 해주기도 하고, 위기를 넘길 수 있는 지혜를 얻도록 도와주기도 해. 그렇다면 성경은 우리에게 어떤 책일까? 바울은 성경이 하나님의 영감으로 쓰였기 때문에 우리가 의인으로 살아갈 수 있도록 도와주고 가르쳐 줄 수 있다고 이야기했어. 성경 속에서 궁금한 것들을 질문해 보기도 하고 그 내용을 깊이 묵상하면서 하나님의 뜻을 찾아가는 우리가 되도록 하자.

기도해요

하나님 아버지, 성경 말씀을 통해 우리가 어떻게 살아야 하는지를 알게 해주시고, 삶의 지혜를 얻어 지속적으로 의로운 삶을 살아갈 수 있게 해주세요. 예수님의 이름으로 기도합니다. 아멘.

활동해요

❶ 성경은 ○○○책

1. 성경은 어떤 책인지 이야기를 나눕니다.
2. 재미있는 이야기, 유익이 되는 이야기 등 성경에 대한 다양한 주제들로 이야기를 나눕니다.
3. 가족에게 또는 개인에게 성경은 어떤 책인지 슬로건을 지어 봅니다.

❷ 성경 소개 포스터 만들기

준비물 종이, 채색도구

1. 성경을 모르는 사람에게 소개할 때 어떤 면을 말해 주어야 할지 이야기를 나눕니다.
2. 성경에 대한 다양한 개인적 경험에 대해 이야기를 나눕니다.
3. 이야기 나눈 내용을 토대로 성경을 소개하는 포스터를 만듭니다.
4. 누구에게 어떤 목적을 이루기 위한 것인지 설정하고, 그에 맞는 적절한 문구와 그림을 표현할 수 있습니다.
5. 제작한 포스터를 목적에 맞는 장소에 게시할 수 있습니다.

미/사/감 표현해요

예배를 드리고 난 후 서로에게 마음을 표현하며 꼬옥 안아 줍니다.
(~때문에) **미안해요** / **사랑해요** / **감사해요**

26주차 생명

기도해요

모든 생명을 창조하신 하나님 아버지, 우리를 창조하신 목적대로 하나님께 예배드려요. 이 예배를 기쁘게 받아 주세요. 예수님의 이름으로 기도합니다. 아멘.

말씀을 읽어요

하나님이 들짐승을 그 종류대로, 집짐승도 그 종류대로, 들에 사는 모든 길짐승도 그 종류대로 만드셨다. 하나님 보시기에 좋았다. 창세기 1:25, 새번역

말씀을 나눠요 ◆ 하나님은 세상을 말씀으로 창조하셨단다. 하나님에 의해 창조된 피조물 즉 땅과 산과 바다와 하늘과 같은 자연, 각양각색의 동식물들을 보면서 우리는 경이와 감탄, 신비의 아름다움을 경험하게 되지. 이처럼 하나님은 창조의 신비를 세상 곳곳에 활짝 펼치시고, 그 위에 숨길 수 없는 아름다움이 흐르게 하셨단다. 하나님이 창조하신 후에 보시기에 좋았다고 하신 이유는 인간에게 쓸모 있기 때문이 아니라 그 존재 자체로 가치가 있기 때문이야. 하나님이 창조하신 피조물, 특별히 한 생명이 태어나고 자라나는 모든 과정을 하나님이 보시기에 좋았다고 말씀하고 있어. 이 말씀을 기억하며 그림책을 읽어 보자.

| 그림책을 나눠요 |

강아지가 태어났어요
조애너 콜(글), 제롬 웩슬러(사진) • 비룡소(2000)

이웃집 개가 강아지를 낳으면 한 마리 받기로 한 주인공은 신이 납니다. 강아지가 태어날 때가 되자 엄마개는 상자 안을 부드럽게 만듭니다. 그리고 힘을 주어 강아지를 몸 밖으로 밀어냅니다. 얇은 주머니에 들어있던 강아지의 탯줄을 끊고 강아지를 핥아 깨끗하게 말려 줍니다. 이제 태어난 강아지는 앞도 못 보고 눈꺼풀이 붙어 있고 귀가 막혀 있습니다. 걷지도 못하지만 엄마개와 떨어지면 웁니다. 엄마 젖을 먹으며 자란 강아지는 2주가 지나 눈을 뜨고 귀도 열립니다. 몇 주가 지나 걷기도 하고 이빨도 나고 딱딱한 음식도 먹을 수 있습니다. 8주가 지나 엄마개와 떨어질 수 있게 되면서 진짜 내 강아지가 되었습니다.

❶ 표지를 보며 추론해요

- 책을 읽기 전, 표지를 먼저 보며 흥미를 이끄는 정도로 간단하게 이야기를 나눕니다.

  Q 이 강아지는 태어난 지 얼마나 된 것 같아? 태어난 지 얼마 안 된 아기나 동물을 본 적이 있니?

🄠 태어난 지 얼마 안 된 아기나 동물을 보면서 어떤 마음이 들었어? (혹은 어떤 마음이 들 것 같아?)

❷ **그림책을 보며 생각을 나눠요**
- 강아지가 태어나고 성장하는 과정에 대해 이야기를 나눕니다.

  🄠 강아지가 태어나는 과정에서 놀라운 것은 무엇이었니?

  🄠 강아지가 점점 자라는 모습 중에 어떤 모습이 인상적이었니?

❸ **삶으로 나눠요**
- 하나님이 만드신 아름다운 생명에 놀라워하며 하나님의 마음에 대해 이야기를 나눕니다.

  🄠 강아지가 태어나고 자라는 모습을 보니 어떤 생각이 들었어?

  🄠 세상의 수많은 생명을 만드시고 자라게 하시는 하나님은 어떤 마음이실까?

이야기를 정리해요 ◆ 오늘 그림책을 통해 강아지가 태어나고 성장하는 과정을 알게 되었어. 우리가 보기에는 특별할 것 없이 평범하게 보일 수 있는 순간이지만, 그 과정 하나하나가 강아지가 강아지로 존재할 수 있도록 하는 신비로운 순간이지. 하나님은 이 땅에 있는 모든 것을 각기 종류대로 창조하시고 "보기에 좋다"고 말씀하셨단다. 모든 것들이 이 강아지의 성장과는 조금씩 다를 수는 있겠지만, 이 세상의 모든 존재들은 이 땅에 태어나고 또 성장의 과정을 겪게 되어 있어. 그 모든 것을 하나님이 만드셨기에, 또 하나님이 그들을 "보기에 좋다"고 말씀하셨기에 모든 피조물은 그 존재로서 아름답고 신비롭고 보기에 좋은 것이란다. 하나님이 만드신 모든 생명들에 경탄하며 창조하신 하나님께 영광을 돌리고, 그들을 귀하게 여김으로 잘 돌보고 보호해 주도록 하자.

기도해요

세상을 창조하신 하나님 아버지, 하나님께서 창조하신 모든 것이 보시기에 좋다고 하신 것처럼, 우리도 하나님이 창조하신 모든 것이 참 좋아요. 생명을 가진 모든 것을 소중하게 여기고 돌보는 우리가 되게 해주세요. 예수님의 이름으로 기도합니다. 아멘.

활동해요

❶ 아이의 성장 과정 나누기

1 아이의 성장 과정에 대해 이야기를 나눕니다. 사진이나 영상을 보며 이야기를 나눌 수 있습니다.
2 아이의 존재를 알았을 때, 아이를 맞이하기 위해 준비했을 때, 아이가 태어나던 순간, 아이와의 특별한 순간 등을 나누며 아이의 생명이 준 신비에 대해 이야기합니다.

❷ 생명의 신비 찾기

준비물 종이, 채색도구, 스카프 외 다수

1 우리 주변에서 생명의 신비를 느낄 수 있는 것을 찾습니다.
2 생명의 신비에 대해 각자의 말로 경탄(놀라며 감탄하다)의 표현을 합니다.
3 '우리 가족이 찾은 생명의 신비' 책을 만듭니다.

미/사/감 표현해요

예배를 드리고 난 후 서로에게 마음을 표현하며 꼬옥 안아 줍니다.
(~때문에) 미안해요 / 사랑해요 / 감사해요

27주차 죽음

기도해요

생명과 죽음을 주관하시는 하나님 아버지, 오늘 주신 하루를 감사함으로 보내며 하나님께 예배를 드려요. 이 예배를 기쁘게 받아 주세요. 예수님의 이름으로 기도합니다. 아멘.

말씀을 읽어요

성도들의 죽음조차도 주님께서는 소중히 여기신다. 시편 116:15, 새번역

말씀을 나눠요 ◆ 사람들은 죽음을 두려워하고 피하고 싶어 하지만, 모든 사람은 언젠가 죽음을 맞이할 수밖에 없어. 히브리서 9장에 쓰여 있는 것처럼 사람이 죽는 것은 이미 하나님께서 정해 놓으셨기 때문이야. 그런데 우리가 기억해야 하는 것이 있어. 오늘 본문에 나오듯 하나님은 성도의 죽음을 사소한 것으로 여기지 않으시고 매우 소중하게 생각하시며, 죽음 이후의 삶뿐만 아니라 이 땅에서 하나님이 기뻐하시는 삶을 살아내는 것 또한 소중하게 여기신다는 거야. 우리는 죽음에 대한 두려움 때문에 믿음의 삶을 타협하거나 저버리지 말고, 생명이 다하기까지 우리에게 주신 사명을 지켜 나가는 자가 되어야 한단다. 이 말씀을 기억하며 그림책을 읽어 보자.

> 그림책을 나눠요

할머니가 남긴 선물
마거릿 와일드(글), 론 브룩스(그림) • 시공주니어(1997)

손녀와 함께 살아온 할머니는 어느 날 자신의 죽음을 예감합니다. 할머니는 마지막 기운을 내 도서관에 책을 반납하고 외상값을 갚은 후 손녀와 함께 마을 산책을 나섭니다. 할머니는 마을을 천천히 거닐면서 나무와 꽃과 하늘을 바라보며 일상적인 것의 아름다움을 손녀에게 일깨워 줍니다. 손녀는 어렸을 때 할머니가 자신에게 해주었던 것처럼 할머니를 껴안아 주며 할머니의 마지막 시간을 함께합니다.

❶ **표지를 보며 추론해요**
- 책을 읽기 전, 표지를 먼저 보며 흥미를 이끄는 정도로 간단하게 이야기를 나눕니다.

    Q 할머니와 손녀는 지금 무엇을 하고 있니?

    Q 할머니가 남긴 선물은 무엇일까?

❷ **그림책을 보며 생각을 나눠요**

- 죽음을 가르친다는 것은 죽음에 대한 막연한 두려움을 제거하고 오히려 삶에 대해 이야기하는 것입니다. 할머니가 손녀에게 전하고 싶었던 삶에 대해 이야기를 나눕니다.

   🅠 할머니는 죽음을 준비하며 무슨 일을 했지?

   🅠 마을을 천천히 거닐며 나무와 꽃과 하늘을 즐기는 할머니의 마음은 어땠을까?

   🅠 할머니가 손녀에게 마을의 아름다움을 보라고 권하는 이유는 무엇일까? 손녀에게 무엇을 전하고 싶은 걸까?

❸ **삶으로 나눠요**

- 사람은 언젠가 죽음을 맞이한다는 사실을 기억하는 삶은 어떠해야 하는지 이야기를 나눕니다.

   🅠 할머니는 죽음에 대해 어떻게 생각한 것 같아?

   🅠 언젠가 죽는다는 것을 알고 살아가는 것과 그냥 살아가는 것에는 어떤 차이가 있을까?

이야기를 정리해요 ◆ 하나님은 사람이 죽는 것은 이미 정해진 일이라고 말씀하셨단다. 오늘 책에서 읽은 할머니처럼 모든 사람은 언젠가 죽음을 맞이해야 하겠지. 그렇다면 우리는 이 죽음을 어떻게 받아들여야 할까? 자신이 곧 죽을 것을 알게 된 할머니는 죽음을 두려워하지 않았어. 오히려 산책을 나가 일상의 소중함과 아름다움을 손녀에게 가르쳐 주었지. 우리도 이 할머니처럼 죽음을 두려워하여 숨거나 포기하지 말고, 오히려 지금의 순간을 감사하게 여기며 우리에게 주신 하나님의 사명을 잘 지켜 나가야 하지 않을까? 죽음은 끝이 아니라 오늘 하루의 삶을 기쁘게 살아가게 하는 시작임을 기억하렴.

기도해요

하나님 아버지, 모든 사람은 언젠가는 죽는다고 말씀하셨지요? 죽음은 하나님께 나아가는 길임을 알고 죽음을 두려워하지 않는 우리가 되게 해주시고, 언제나 끝을 기억하며 하루하루의 삶을 더욱 소중히 여기고 살아가게 해주세요. 예수님의 이름으로 기도합니다. 아멘.

활동해요

❶ 오늘의 아름다움 수수께끼

준비물 종이, 채색도구

1 오늘 하루 내가 보고 느낀 아름다움, 생명에 대해 글과 그림으로 표현합니다. 이때 표현한 것이 무엇인지 비밀로 합니다.
2 내가 느낀 아름다움, 가족들에게 전하고 싶은 이유, 가족들도 같이 느꼈으면 하는 부분에 대해 수수께끼 형태로 이야기합니다.
3 다른 가족들은 그 아름다움을 알아맞히고, 설명한 아름다움(생명)에 의견을 덧붙여 글과 그림을 완성합니다.

❷ ○○가 남긴 선물

준비물 종이, 채색도구, 스카프 외 다수

1 만약 나에게 일주일의 시간이 남았다면 어떤 일을 하고 싶은지, 남기고 싶은 선물은 무엇인지 글과 그림으로 표현합니다.
2 하고 싶은 일과 선물에 대해 발표하며 그 이유에 대해 이야기합니다.
3 하고 싶은 일과 선물 중 실천 가능한 일은 실천합니다.

미/사/감 표현해요

예배를 드리고 난 후 서로에게 마음을 표현하며 꼬옥 안아 줍니다.
(~때문에) 미안해요 / 사랑해요 / 감사해요

28주차
용서하기

기도해요

언제나 우리를 인내하시고 용서하시는 하나님 아버지, 오늘 예배를 통해 용서의 의미를 알아갈 수 있도록 인도해 주세요. 예수님의 이름으로 기도합니다. 아멘.

말씀을 읽어요

서로 친절히 대하며, 불쌍히 여기며, 하나님께서 그리스도 안에서 여러분을 용서하신 것과 같이, 서로 용서하십시오. 에베소서 4:32, 새번역

말씀을 나눠요 ◆ 우리가 예수님의 십자가 사랑으로 새사람이 되었다면, 다른 사람과의 관계에서도 새로운 모습으로 그 사람을 대해야 한단다. 무엇보다 우리가 지녀야 할 마음이 있는데 그것은 바로 용서야. 사람들 사이에서는 용서하고 용서받는 일이 자주 일어난단다. 그런데 나에게 고통을 주고 손해를 입힌 사람을 용서한다는 것은 말처럼 쉽지 않아. 하지만 하나님의 용서 없이 하루도 살 수 없는 우리가 다른 사람 용서하기를 거절하면 안 되겠지. 잦은 실수와 잘못을 반복하는 우리는, 하나님께서 우리를 용서하셨듯이 서로를 불쌍히 여기며 용서하는 것이 일상이 되어야 한단다. 이 말씀을 기억하며 그림책을 읽어 보자.

| 그림책을 나눠요 |

곰 때문이야!
에이미 다이크맨(글), 자카리아 오호라(그림) • 함께자람(2016)

소녀의 연이 끊어져 낮잠 자는 곰의 배 위에 떨어졌습니다. 소녀가 연을 잡으려고 한 순간 곰이 돌아누워 연이 망가집니다. 화가 난 소녀는 곰에게 "바보 멍텅구리"라고 소리치고, 그 소리에 놀란 곰도 화가 납니다. 곰은 아주 무서운 복수를 생각하며 소녀의 집으로 갑니다. 소녀는 집에 와 토끼인형에게 하소연을 하다가 인형의 귀를 망가뜨리게 됩니다. 놀란 소녀는 곰이 일부러 연을 망가트린 것이 아닌 것을 깨닫고 집에 온 곰에게 용서를 구합니다. 화가 났던 곰도 소녀가 사과하는 말에 화가 풀려 소녀의 눈물을 닦아 주고 망가진 인형을 고쳐 주며 함께 놉니다.

❶ **표지를 보며 추론해요**

- 책을 읽기 전, 표지를 먼저 보며 흥미를 이끄는 정도로 간단하게 이야기를 나눕니다.

    🔍 무엇이 '곰 때문'일까?

    🔍 곰과 소녀는 어떤 관계일까?

❷ **그림책을 보며 생각을 나눠요**

- 곰이 소녀를 용서할 수 있었던 이유와 용서하는 모습에 대해 이야기를 나눕니다.

   🇶 아주아주 무서운 생각을 했던 곰은 사르르 화가 풀렸대. 곰이 화가 풀렸던 이유는 무엇일까?

   🇶 (용서한 이후에) 곰은 아주아주 멋진 생각을 했는데 무슨 생각이었을까?

❸ **삶으로 나눠요**

- 누군가를 용서한다는 것은 잘못을 따지지 않고 기억하지 않는 것이며, 그에게 인정을 베푸는 것입니다. 용서의 구체적인 모습에 대해 이야기를 나눕니다.

   🇶 곰은 소녀를 용서한다는 것을 어떻게 표현했지?

   🇶 용서하기 어려울 때 어떻게 해야 할까?

이야기를 정리해요 ◆ 오늘 말씀은 예수님이 우리의 죄를 용서해 주셨기 때문에 우리도 이웃을 용서해야 한다고 이야기하고 있어. 우리는 용서를 받아 봤기 때문에 다른 사람도 용서할 수 있는 것 같아. 그렇다면 용서한다는 건 어떤 것일까? 곰은 너무나 화가 나서 무시무시한 생각을 했지만 소녀의 "미안해"라는 말을 듣고 화가 사르르 풀렸어. 그리고 나서는 소녀의 머리를 쓰다듬어 주고, 눈물도 닦아 주었지. 이처럼 말로만, 마음으로만 용서해 주었다고 하는 것이 아니라, 잘못을 따지지 않고 기억하지 않으면서 오히려 더 따뜻하게 다가가는 것이 용서가 아닐까? 용서를 통해 곰과 소녀가 다시 함께할 수 있었던 것처럼, 서로의 관계가 회복되는 것이 진정으로 용서를 주고받은 자들의 모습인 것 같아.

기도해요

하나님 아버지, 누군가 우리에게 용서를 구할 때, 하나님께서 우리를 용서하신 것처럼 다른 사람을 용서할 수 있는 마음을 주세요. 예수님의 이름으로 기도합니다. 아멘.

활동해요

❶ 용서하기 게임

1. 두 명씩 짝을 짓습니다.
2. 한 명이 용서받을 상황에 대해 이야기합니다. 다른 한 명이 "내가 용서할게"라고 말합니다. 이때 용서하지 못한다고 말을 하면 게임에 집니다.
3. 용서한다는 말을 하며 용서의 행동을 정해서 할 수 있습니다. (예: 머리 쓰다듬어 주기, 악수하기 등)
4. 게임의 승자에게 적절한 보상을 합니다. (예: 부탁허용권 5회)

❷ 용서 토크

준비물 가족 수 만큼의 막대(같은 모양의 막대 중 하나에만 표시), 막대를 담는 통

1. 막대를 담은 통을 가운데에 놓고 동그랗게 앉습니다.
2. 가족들이 동시에 하나의 막대를 잡습니다.
3. 표시된 막대를 잡는 사람이 용서에 대해 이야기를 합니다.
   (토크 주제 : 용서하기 힘들었을 때, 용서하기 쉬웠을 때, 용서를 하면 좋은 점)
4. 토크 횟수를 정해 놓고, 가장 의미 있거나 재미있는 이야기를 한 사람에게 적절한 보상을 합니다.

미/사/감 표현해요

예배를 드리고 난 후 서로에게 마음을 표현하며 꼬옥 안아 줍니다.
(~때문에) 미안해요 / 사랑해요 / 감사해요

29주차
사과하기

기도해요

공의로우신 하나님 아버지, 오늘 예배를 통해 사과의 의미를 알아갈 수 있도록 인도해 주세요. 예수님의 이름으로 기도합니다. 아멘.

말씀을 읽어요

삭개오가 일어서서 주님께 말하였다. "주님, 보십시오. 내 소유의 절반을 가난한 사람들에게 주겠습니다. 또 내가 누구에게서 강제로 빼앗은 것이 있으면, 네 배로 하여 갚아 주겠습니다." 누가복음 19:8, 새번역

말씀을 나눠요 ◆ 키 작은 삭개오는 주민들에게 세금을 걷는 자들의 대장이었어. 그는 정직하지 않는 방법으로 돈을 모았단다. 주위 사람들은 삭개오를 죄인이라며 비난하고 멀리했어. 그러나 예수님은 삭개오를 친구처럼 대하시고 그의 집을 방문하겠다고 말씀하셨지. 죄인까지도 품어 주시는 예수님의 사랑을 경험한 삭개오는 지금껏 자기만을 위해 살았던 삶을 부끄럽게 여기고, 자신의 재산 절반을 가난한 이들에게 나눠 주고 부당하게 남의 것을 가진 것이 있다면 네 배로 갚겠다고 고백했어. 삭개오는 말과 기도로만 용서를 구한 것이 아니라, 손해에 대한 책임을 직접 행동으로 보여 주었단다. 이 말씀을 기억하며 그림책을 읽어 보자.

> 그림책을 나눠요

사자가 작아졌어
정성훈(글, 그림) • 비룡소(2015)

사자가 낮잠에서 깨고 보니 작아져 있었습니다. 나무도 들쥐도 커진 숲에서 사자는 개울을 건너다 빠집니다. 그런 사자를 구해 준 건 어제 사자에게 엄마를 잃은 가젤이었습니다. 사자는 가젤의 마음을 달래 주려 꽃을 선물하고, 노래를 부르고, 뿔을 멋지게 꾸며 주었습니다. 하지만 가젤은 숨쉬기 힘들 만큼 슬픕니다. 사자는 자신을 먹으라고 하지만 가젤은 다시 돌아오지 못할 엄마로 인한 슬픔은 바뀌지 않는다고 말합니다. 가젤의 마음이 느껴진 사자는 조용히 가젤의 눈물을 닦으며 "널 슬프게 해서 미안해"라고 진심 어린 용서의 마음을 전합니다.

❶ 표지를 보며 추론해요

- 책을 읽기 전, 표지를 먼저 보며 흥미를 이끄는 정도로 간단하게 이야기를 나눕니다.

  🔍 이 사자는 어떤 사자인 것 같아? 지금 무엇을 하고 있지?

  🔍 (사자 입장, 다른 동물의 입장에서) 작아진 사자는 어떨까?

❷ 그림책을 보며 생각을 나눠요

- 자기 자신만 생각했던 사자가 가젤의 마음에 공감하며 진심 어린 사과(유감 표명, 책임 인정, 보상, 진실한 뉘우침, 용서 요청)를 하게 되는 과정에 대해서 이야기를 나눕니다.

  🔍 사자가 나무도 풀숲도 들쥐도 개울도 커져 버렸다고 생각한 이유는 무엇일까?

  🔍 꽃이나 노래와 같은 선물로 가젤의 마음을 달랠 수 있었을까? 사자는 어떤 마음으로 이렇게 하겠다고 한 걸까?

  🔍 "날 먹어"라고 말하는 사자는 어떤 마음이었을까? 가젤은 어떤 마음이었을까?

  🔍 자기 자신만 생각하던 사자가 가젤의 눈물을 닦으며 안아 주고자 했던 마음은 어떻게 생기게 된 걸까?

❸ 삶으로 나눠요

- 진심 어린 사과는 자기 중심적인 생각에서 벗어나 자신의 잘못(죄)을 깨닫고 상대방의 아픔과 슬픔에 대해 공감할 때 가능합니다.

  🔍 진심 어린 사과를 하는 것은 쉽지 않아. 왜 그럴까?

  🔍 삭개오가 사과하는 상황을 상상해 보자. 어떠한 각오를 했을까? 뭐라고 이야기했을까? 어떤 목소리와 자세로 이야기했을까? 무엇을 준비했을까?

이야기를 정리해요 ◆ 삭개오는 자신의 잘못을 깨닫고 잘못에 대한 실질적인 책임을 지겠다고 이야기했어. 누군가에게 사과를 하는 것은 말로만, 생각으로만 하는 것이 아니라 나의 잘못을 인정하고 행동으로 보여 주어야 하는 거야. 사자도 가젤의 아픔을 깊게 공감하면서 진심 어린 사과를 했고, 심지어 자신을 먹으라고 하면서 잘못에 대한 책임을 지려고 했어. 이처럼 사과를 한다는 건 자신의 잘못에 대한 인정과 진실한 뉘우침으로 상대방에게 용서를 구하고, 이후의 일에 대해서도 실질적인 책임을 져야 하는 거란다. 우리도 누군가에게 실수나 잘못을 했을 때 이러한 진정한 사과를 할 수 있도록 하자.

기도해요

하나님 아버지, 말뿐인 사과가 아닌 다른 이의 아픔을 깊이 공감하며 진심 어린 사과를 할 수 있도록 도와주시고, 그와 함께 실제적인 책임도 질 줄 아는 우리가 되게 해주세요. 예수님의 이름으로 기도합니다. 아멘.

활동해요

❶ 사과하기 상황극

1. 마음이 섭섭하고 불만스러운 상황에 대해서 이야기를 나눕니다. (일상 상황, 또는 삭개오 상황)
2. 섭섭하고 불만스러운 상황에서 어떠한 사과를 받고 싶은지 이야기를 나눕니다.
3. 가상의 상황을 설정하고 섭섭한 마음을 표현하는 사람, 사과를 하는 사람으로 나누어 상황극을 합니다. 서로 반대의 입장에서 상황극을 할 수 있습니다.

❷ 가젤에게 보내는 사자의 편지

준비물 종이, 채색도구

1. "몸이 커진 사자는 마음을 전하고 싶었지만 가젤은 서둘러 도망을 갔어. 커진 사자가 무서웠기 때문이지. 사자는 어떻게 마음을 전할 수 있을까?"라고 말하며 여러 방법을 이야기합니다.
2. 편지로 마음을 전할 수 있다는 사실을 이야기합니다.
3. 사자는 어떤 마음을 전하고 싶은지, 그 이야기를 들을 가젤의 마음을 생각하며 이야기를 나눕니다.
4. 글과 그림으로 사자의 마음을 전하는 편지를 씁니다.

미/사/감 표현해요

예배를 드리고 난 후 서로에게 마음을 표현하며 꼬옥 안아 줍니다.
(~때문에) 미안해요 / 사랑해요 / 감사해요

기도해요

거짓이 없으신 하나님 아버지, 오늘 예배를 통해 거짓의 결과와 회개의 의미를 알아갈 수 있도록 인도해 주세요. 예수님의 이름으로 기도합니다. 아멘.

말씀을 읽어요

그런데 아나니아라는 사람이 그의 아내 삽비라와 함께 소유를 팔아서, 그 값의 얼마를 따로 떼어놓았는데, 그의 아내도 이것을 알고 있었다. 그는 떼어놓고 난 나머지를 가져다가, 사도들의 발 앞에 놓았다. 사도행전 5:1-2, 새번역

말씀을 나눠요 ◆ 예루살렘 교회에는 가난한 성도들을 돕기 위해 자신들의 소유를 팔아 헌신하는 사람들이 많았단다. 구브로 사람 바나바도 가난한 자들을 위해 사용하라며 자신의 밭을 팔아 받은 돈을 사도들에게 주었어. 이런 헌신에 도전을 받은 아나니아와 삽비라 부부도 자신의 소유를 팔았지. 하지만 그들은 받은 돈의 일부만 바치고는 마치 전부를 드린 것처럼 거짓말을 했어. 가난한 자들을 돕고자 하는 순수한 마음이 아니라 사람들에게 칭찬과 인정을 받고자 하는 마음에 거짓말을 했던 거야. 이것이 바로 인간의 죄성이란다. 아나니아와 삽비라는 사람에게뿐 아니라 하나님께도 거짓말을 했고, 회개할 기회가 있었음에도 회개하지 않았어. 이 말씀을 기억하며 그림책을 읽어 보자.

그림책을 나눠요

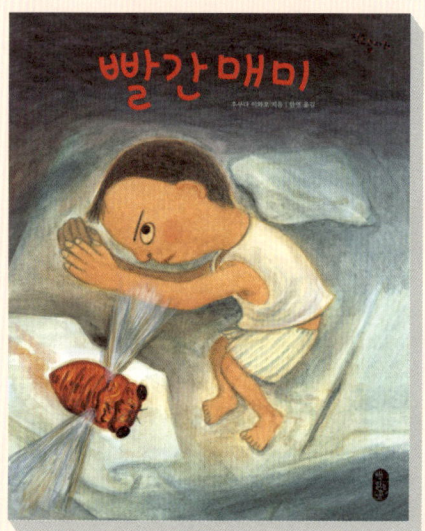

빨간 매미
후쿠다 이와오(글, 그림) • 책읽는곰(2008)

국어공책을 사러 문구점에 갔다가 빨간 지우개를 훔친 이치는 불편한 마음에 동생과의 약속도 깨트리고 매미의 날개를 잡아떼어 버립니다. 이치는 지우개를 다시 돌려주고 싶지만 무섭고 창피해 용기를 내지 못합니다. 어느 날 이치는 문방구 아줌마가 자신의 주머니에서 날개 없는 빨간 매미를 꺼내 고쳐 주며 "너무했구나"라고 말씀하시는 꿈을 꾸고 깨어납니다. 그리고 자꾸만 나쁜 사람이 되는 게 싫어 엄마에게 솔직하게 이야기합니다. 문방구에 가서도 사과하며 다시는 그러지 않겠다고 약속합니다.

❶ 표지를 보며 추론해요

- 책을 읽기 전, 표지를 먼저 보며 흥미를 이끄는 정도로 간단하게 이야기를 나눕니다.

  Q 빨간 매미를 바라보는 주인공의 마음이 어떤 것 같아?

❷ 그림책을 보며 생각을 나눠요

- 그림과 상황에서 알 수 있는 이치의 마음을 읽어 봅니다.

  Q 국어공책을 사러 갔다가 수학공책을 들고 땀을 흘리는 표정을 보니 이치는 지금 어떤 마음인 것 같아?

  Q 이치는 동생에게 소리를 지르고, 울컥해서 매미의 날개를 잡아떼었어. 왜 그랬을까?

  Q 문방구 아줌마는 왜 빨간 매미를 고쳐 주고 "너무했구나"라는 말만 하신 걸까? 그런 아줌마를 보며 이치는 어떤 생각을 했을까?

❸ 삶으로 나눠요

- 거짓과 속임의 죄에서 돌이키기 위해서는 우리의 잘못을 용서하시고 회복시키시는 하나님에 대한 믿음이 필요합니다.

  Q 이치가 엄마에게 자신의 잘못을 고백할 수 있었던 이유는 무엇일까?

  Q 가족을 속인 적이 있니? 그때 어떤 마음이었어? 죄가 계속 자라 점점 나쁜 사람이 되어 가는 마음은 어떤 마음일까? 어떻게 돌이킬 수 있을까?

이야기를 정리해요 ◆ 이치는 자신도 모르게 문방구에서 빨간 지우개를 훔쳤어. 이치가 지우개를 훔치고 나서 점점 나쁜 사람이 되어 간다고 생각하는 것처럼, 거짓은 우리를 자꾸 속이게 하고 숨기게 하며 점점 더 큰 죄를 만들어 낸단다. 오늘 본문에서 아나니아와 삽비라는 정직하게 말할 수 있는 기회를 놓치고 결국 거짓의 대가를 치르고 말았지. 거짓을 행했을 때, 우리는 숨기려 하지 말고 정직하게 말할 수 있어야 해. 꿈속에서 문방구 아주머니가 이치를 용서해 주었던 것처럼, 하나님은 우리에게 기회를 주시고 우리가 잘못을 고백했을 때 용서해 주시는 분이기 때문이야.

기도해요

하나님 아버지, 정직한 마음을 우리에게 주시고, 거짓된 말과 행동을 했을 때 하나님께 잘못을 고백하고 용서를 구할 수 있는 마음을 허락해 주세요. 예수님의 이름으로 기도합니다. 아멘.

활동해요

❶ 이치가 전하는 이야기

1. 이치가 빨간 매미 사건을 통해 느끼고 생각한 바를 이치가 말을 하듯이 이야기합니다.
2. 자신이 점점 나쁜 아이가 되어 가는 느낌, 솔직하게 말을 할 수 있게 된 이유, 엄마가 함께 문방구에 가준 것, 아줌마가 용서해 주실 때의 느낌 등을 이야기할 수 있습니다.

❷ 진실게임

준비물 순서가 적힌 제비뽑기 종이

1. 지금까지 말하기 어려웠던 것을 진실하게 이야기하는 시간임을 진지하게 말합니다. 오늘의 대화는 이 시간에만 기억하고 다시 이야기하지 않기로 약속합니다.
2. 제비뽑기 종이를 이용해 순서를 정합니다.
3. 다른 사람을 속이거나 사실이 아닌데 사실처럼 말했던 경험에 대해서 이야기합니다. 사과하고 싶은 대상이 있다면 진실한 마음으로 사과합니다.
4. 우리 모두는 거짓된 마음이 있는 존재임을 고백하며 하나님의 은혜를 구하는 기도로 마무리합니다.

미/사/감 표현해요

예배를 드리고 난 후 서로에게 마음을 표현하며 꼬옥 안아 줍니다.
(~때문에) **미안해요** / **사랑해요** / **감사해요**

31주차 진실

기도해요

우리에게 지혜를 주시는 하나님 아버지, 오늘 예배를 통해 진실의 의미를 알아갈 수 있도록 인도해 주세요. 예수님의 이름으로 기도합니다. 아멘.

말씀을 읽어요

경우에 알맞은 말은, 은쟁반에 담긴 금사과이다. 잠언 25:11, 새번역

말씀을 나눠요 ◆ 말의 가치는 상황에 따라 다르단다. 오늘 말씀은 말의 가치를 비유로 표현하고 있어. "경우에 알맞은 말"은 상황에 알맞게 잘 표현된 말을 의미해. 또한 "은쟁반에 담긴 금사과"는 최고의 그릇에 담은 최상급 과일을 의미하지. 즉 이 말씀은 때와 장소에 적합한 지혜로운 말은 아름답고 값비싼 귀한 그릇에 담긴 보기 좋고 향기로운 과일과 같다는 것을 의미하는 거야. 모든 말은 시간과 장소와 사람의 형편에 따라 잘 사용해야만 그 진가가 드러나고 사람들에게 감동과 유익을 줄 수 있단다. 이 말씀을 기억하며 그림책을 읽어 보자.

그림책을 나눠요

나는 사실대로 말했을 뿐이야!
패트리샤 맥키삭(글), 지젤 포터(그림) • 고래이야기(2013)

리비는 놀러 가고 싶은 마음에 엄마한테 주지도 않은 말 먹이를 줬다고 거짓말을 했다가 혼이 납니다. 그리고 이제부터 사실대로만 얘기하겠다고 결심을 합니다. 친구들이 모여 있을 때 친구의 양말에 구멍이 났다고 말을 하고, 숙제를 하지 않은 친구가 있다고 말을 하고, 정원이 밀림 같다고 말을 하면서 친구들과 이웃들의 마음을 상하게 합니다. 엄마는 라비에게 진실이라고 할지라도 때가 적당하지 않거나, 방법이 잘못되었거나, 나쁜 속셈을 가지고 있을 경우에는 사람들의 마음을 상하게 할 수 있다고 가르쳐 줍니다.

❶ **표지를 보며 추론해요**
- 책을 읽기 전, 표지를 먼저 보며 흥미를 이끄는 정도로 간단하게 이야기를 나눕니다.

　Q 사실을 얘기하지만 마음이 상할 때가 있을까?

❷ 그림책을 보며 생각을 나눠요

• 사실(진실)을 얘기하더라도, 그 말을 하는 상황이나 마음의 태도에 대해서 생각해 볼 수 있도록 이야기를 나눕니다.

  Q 양말에 구멍이 났다는 건 사실인데 무엇이 문제일까?

  Q 숙제를 하지 않았다는 건 사실인데 무엇이 문제일까?

  Q 정원이 밀림 같다는 건 사실인데 무엇이 문제일까?

❸ 삶으로 나눠요

• 사실(진실)을 말할 때도 상대방의 상황과 마음을 배려해야 하며, 상대방의 유익을 위해서 어떻게 말을 해야 하는지 생각해 보아야 한다는 것에 대해 이야기를 나눕니다.

  Q 리비의 말이 은쟁반에 담긴 금사과와 같은 말이 되려면 리비가 어떻게 해야 했을까?

  Q 누군가에게 어떤 말을 할 때 상대방의 상황과 마음을 생각해야 하는 이유는 무엇일까?

이야기를 정리해요 ◆ 리비는 거짓말을 하지 않기로 결심하고 진실만을 말하기 시작해. 하지만 리비가 말한 진실은 다른 이들에게 오히려 상처를 주었고, 관계가 나빠지는 결과를 가져왔지. 그렇다면 진실을 말하는 것이 나쁜 것일까? 그렇지 않아. 진실을 말하는 것은 무척이나 중요해. 하지만 진실을 말한다 하더라도 상대방의 상황과 마음을 배려하고 상대방의 유익을 위해 이야기해야 한다는 사실을 기억했으면 좋겠어. 이러한 모습이 바로 성경에서 말하는 은쟁반에 담긴 금사과의 모습이란다. 적합한 때에 상대방의 마음을 배려하면서 진실을 말하는 사람이 되도록 우리 모두 노력하자.

기도해요

하나님 아버지, 진실을 이야기하되 상대방의 상황과 마음을 헤아리고, 적당한 때에 적절한 말을 할 수 있는 지혜를 주세요. 예수님의 이름으로 기도합니다. 아멘.

활동해요

❶ 이럴 땐 이렇게 말해요

1 가족들이 사실(진실)을 말할 때 어떻게 배려받기 원하는지 이야기를 나눕니다. (예: 내가 잘못했을 때 친구들 앞에서는 말하지 말아 주세요)

❷ 은쟁반의 금사과 vs 은쟁반의 독사과

준비물 종이, 채색도구, 가위, 양면테이프

1 지혜로운 말이 '은쟁반의 금사과'와 같다는 것에 대해 설명하고, '은쟁반의 금사과 상'을 제작합니다.
2 사실로 다른 사람을 공격하는 말이나 때와 방법이 적절하지 않은 말은 '은쟁반의 독사과'임을 설명합니다.
3 어떤 사실을 정하고(예: 몸에서 나쁜 냄새가 날 때), 그 말이 금사과가 될 때와 독사과가 될 때로 나누어서 표현합니다. 글과 그림으로 표현할 수 있습니다.
4 가장 지혜로운 말에 '은쟁반의 금사과 상'을 수여합니다.

미/사/감 표현해요

예배를 드리고 난 후 서로에게 마음을 표현하며 꼬옥 안아 줍니다.
(~때문에) **미안해요 / 사랑해요 / 감사해요**

기도해요

모든 만물을 창조하신 하나님 아버지, 오늘의 말씀을 통해 '모든 생물을 다스린다는 것'의 의미가 무엇인지 알아갈 수 있도록 인도해 주세요. 예수님의 이름으로 기도합니다. 아멘.

말씀을 읽어요

하나님이 그들에게 복을 베푸셨다. 하나님이 그들에게 말씀하시기를 "생육하고 번성하여 땅에 충만하여라. 땅을 정복하여라. 바다의 고기와 공중의 새와 땅 위에서 살아 움직이는 모든 생물을 다스려라" 하셨다. 창세기 1:28, 새번역

말씀을 나눠요 ◆ 하나님은 말씀으로 세상을 창조하시고, 보기에 모두 좋았다고 말씀하셨어. 특별히 하나님의 형상을 따라 지음 받은 사람에게도 좋았다고 말씀하시면서 특별한 사명을 주셨지. 그 사명은 바로 하나님께서 창조하신 모든 것을 다스리는 것이었단다. 땅을 정복하고 모든 생물을 다스린다는 것은 사람 마음대로 자연을 훼손하고, 모든 생물을 착취해도 된다는 뜻이 아니야. 하나님께서 창조하신 질서대로, 하나님과 동일한 방식으로 자연과 생물들을 돌보고 관리하면서 평화로운 관계로 공존해 나가는 것을 의미한단다. 이 말씀을 기억하며 그림책을 읽어 보자.

| 그림책을 나눠요 |

엄마가 미안해
이철환(글), 김형근(그림) • 미래아이(2008)

쇠제비갈매기는 바닷가의 자갈밭이나 강가 모래밭에 둥지를 틀고 사는 작은 새입니다. 그런데 사람들이 도시에 더 많은 건물을 짓기 위해 모래를 퍼가면서 바닥은 점점 낮아집니다. 비가 오자 모래밭의 쇠제비갈매기의 알들이 물에 잠깁니다. 엄마는 장맛비 속에서 새끼 쇠제비갈매기를 지키기 위해 노력하지만, 결국 새끼들은 강물 속으로 사라지고 맙니다. 시간이 흐르고 비는 그쳤지만, 사람들은 계속해서 포구의 모래를 퍼갑니다. 목숨보다 소중한 새끼들을 잃은 엄마만이 홀로 황량해진 포구에 남아 있습니다.

❶ 표지를 보며 추론해요

- 책을 읽기 전, 표지를 먼저 보며 흥미를 이끄는 정도로 간단하게 이야기를 나눕니다.

  Q 엄마가 "미안해"라고 말할 때는 언제일까?

  Q 쇠제비갈매기 엄마가 아기 새들에게 미안한 이유는 무엇일까?

❷ 그림책을 보며 생각을 나눠요

- 삶의 터전이 바뀌어 갈 때 실제적으로 겪는 어려움과 슬픔을 새들의 입장에서 공감할 수 있도록 안내합니다.

  Q 파헤쳐진 모래 위에 알을 낳는 엄마 새들의 마음은 어땠을까?

  Q 혼자 남은 엄마 새의 마음은 어땠을까?

❸ 삶으로 나눠요

- "살아 움직이는 모든 생물을 다스려라"라는 하나님의 명령에는 어떤 책임과 의무가 따르는지 이야기를 나눕니다.

  Q 쇠제비갈매기의 슬픔은 누구의 책임일까?

  Q "살아 움직이는 모든 생물을 다스려라"라는 하나님의 명령을 잘 따르려면 어떻게 해야 할까?

이야기를 정리해요 ◆ 하나님이 우리에게 다스리라고 하신 이 땅의 모든 것들을 우리 마음대로, 욕심대로 사용하면 자연이 파괴될 뿐 아니라 그로 인해 많은 생물들이 아픔을 겪게 된다는 걸 기억했으면 좋겠어. 오늘 본 쇠제비갈매기의 슬픔은 책에서만이 아니라 지금 우리의 현실에서도 일어나는 일이야. 이들의 슬픔은 우리가 이 땅을 잘 다스리지 못한 데서 온 결과가 아닐까? 더 이상 이러한 아픔과 슬픔이 생기지 않도록 책임감을 가지고 생태를 보호하는 우리가 되도록 노력하자.

기도해요

하나님 아버지, 하나님께서 우리를 보호하시듯 우리도 하나님 창조하신 생태계를 소중히 돌보아야 하는데 그러지 못했어요. 이제부터는 청지기로서의 역할을 잘 감당할 것을 약속할게요. 예수님의 이름으로 기도합니다. 아멘.

활동해요

❶ 쇠제비갈매기 엄마가 전하고 싶은 이야기

1 쇠제비갈매기 엄마가 우리에게 전하고 싶은 이야기가 있을지 이야기를 나눕니다.
2 쇠제비갈매기 엄마의 마음은 어떨지 이야기를 나눕니다.
3 쇠제비갈매기 엄마가 전하고 싶은 이야기를 인터뷰 형식으로 나눌 수 있습니다.

❷ 쇠제비갈매기를 도와주세요

준비물 종이, 채색도구

1 쇠제비갈매기 가족의 슬픔이 반복되지 않으려면 어떻게 해야 하는지 이야기를 나눕니다.
2 쇠제비갈매기 가족이 사람들에게 하고 싶은 이야기를 포스터의 형태로 전할 수 있음을 알려 줍니다.
3 효과적으로 메시지를 전할 수 있는 포스터 문구와 그림에 대해서 이야기를 나눈 후 함께 포스터를 제작합니다.

미/사/감 표현해요

예배를 드리고 난 후 서로에게 마음을 표현하며 꼬옥 안아 줍니다.
(~때문에) **미안해요** / **사랑해요** / **감사해요**

기도해요

말씀으로 세상을 창조하신 하나님 아버지, 오늘 예배를 통해 생태계를 지키는 청지기의 사명이 무엇인지 알아갈 수 있도록 인도해 주세요. 예수님의 이름으로 기도합니다. 아멘.

말씀을 읽어요

주 하나님이 사람을 데려다가 에덴 동산에 두시고, 그 곳을 맡아서 돌보게 하셨다.

창세기 2:15, 새번역

말씀을 나눠요 ◆ 하나님은 사람에게 하나님이 창조하신 세계를 돌볼 책임을 주셨어. 하나님께서 우리를 보호하시듯, 우리도 하나님이 창조하신 세계를 조심스럽게 보호해야 한단다. 그런데 사람들은 청지기의 사명을 잊고 자연을 훼손했고 그로 인해 지구는 고통 속에 신음하고 있어. 우리가 자연을 보존시키고 돌보아야 하는 이유는 그것이 인간에게 쓸모가 있기 때문이 아니야. 동물도, 식물도, 자연의 모든 생태계가 그 자체로 가치가 있고 소중하기 때문에 돌보아야 하는 것이지. 이 세상을 사람의 가치가 아닌 하나님의 가치로 바라보고, 하나님이 명령하신 대로 돌보는 것이 청지기된 우리의 사명이란다. 이 말씀을 기억하며 그림책을 읽어 보자.

| 그림책을 나눠요 |

우리가 함께 쓰는 물, 흙, 공기
몰리 뱅(글, 그림) • 도토리나무(2019)

어느 마을에 공동으로 쓰는 풀밭이 있었습니다. 그 풀밭에는 누구나 양을 데리고 와 풀을 먹일 수 있었습니다. 그러나 양들이 많아지면서 풀이 부족해지자 사람들은 규칙을 만들어 풀밭을 보존하려고 합니다. 규칙을 따르지 않을 사람들은 그곳을 떠납니다. 옮겨 갈 곳이 많기 때문입니다. 우리가 살고 있는 지구의 물, 흙, 공기는 이 마을에서 공동으로 쓰고 있는 풀밭과 같습니다. 저마다 자원을 최대한 많이 써서 당장 이익을 얻으려고 한다면 지구는 파괴되고 맙니다. 그러나 우리는 떠날 곳이 없습니다.

❶ **표지를 보며 추론해요**

- 책을 읽기 전, 표지를 먼저 보며 흥미를 이끄는 정도로 간단하게 이야기를 나눕니다.

    🅠 물, 흙, 공기는 무엇이지? 물, 흙, 공기가 없다면 어떻게 될까?

❷ 그림책을 보며 생각을 나눠요

- 미국의 생물학자인 가레트 하딘이 발표한 '공유지의 비극' 이론을 소개하는 책입니다. 누구나 자유롭게 사용할 수 있는 공공자원이 사람들의 남용으로 인해 쉽게 고갈될 수 있음을 설명하고 있습니다. '공유지의 비극'에 대해 충분히 생각할 수 있도록 이야기를 나눕니다.

    Q 공동풀밭을 지키지 못하면 어떻게 될까? 공동풀밭을 지킬 수 있는 방법은 무엇일까?

    Q 바다의 물고기, 나무들, 화석연료 등이 점점 줄어들고 있는데 우리는 어떻게 해야 할까?

❸ 삶으로 나눠요

- 물, 흙, 공기는 하나님이 우리에게 주신 선물입니다. 그런 선물을 소중히 가꾸지 않고 폭력과 탐욕으로 다룰 때 어떻게 될 수 있는지 이야기를 나눕니다. 불편하고 어려워도 우리 가정에서 함께 고민하며 실천할 수 있는 것에는 무엇이 있을지 나누어 봅니다.

    Q 우리나라, 우리 지역, 우리 한 사람만의 이익을 생각한다면 어떻게 될까? 이에 대해 하나님은 어떤 마음이실까?

    Q 이 땅을 돌보라는 하나님의 명령을 따라 우리가 지금 할 수 있는 일은 무엇일까?

이야기를 정리해요 ◆ 하나님은 우리에게 이 땅의 모든 것을 돌보라고 명령하셨어. 돌본다는 것은, 이 땅의 것들을 소중히 여기며 관심 있게 지켜보고, 생명들이 조화롭게 살아갈 수 있도록 도와주는 것을 뜻한단다. 필요한 것 이상의 고기를 잡거나 나무를 베고, 무분별하게 물을 쓰거나 석유를 채취하는 일들이 반복된다면 오늘 본 책처럼 세상에서 가장 아름다운 것들을 잃어버리는 결과를 맞게 될 수도 있어. 이 땅의 모든 것이 조화롭고 아름답게 살아갈 수 있도록 지금 이곳에서부터 우리가 할 수 있는 일들을 찾아서 노력하도록 하자.

기도해요

하나님 아버지, 하나님이 창조하신 모든 생명들과 조화롭게 살아갈 수 있게 해주시고, 사람의 가치가 아닌 하나님의 가치로 생태계를 바라볼 수 있도록 도와주세요. 예수님의 이름으로 기도합니다. 아멘.

활동해요

❶ 우리 삶의 '공유지의 비극' 찾기

1 누구나 자유롭게 사용할 수 있는 공공자원을 사람들이 남용할 때 생길 수 있는 문제들을 찾아봅니다. (예: 도로, 공원, 공기, 갯벌 등)
2 우리가 선택할 수 있는 해결 방법을 찾아 실천합니다.

❷ UCC 만들기

준비물 종이(콘티 제작용), 필기도구, 카메라, 스마트폰

1 우리 생활에서 벌어지고 있는 '공유지의 비극'과 비슷한 공공자원 남용 사례를 한 가지 선정하여 이야기를 나눕니다. (예: 공공화장실의 남용)
2 문제를 해결할 수 있는 방법에 대해 이야기를 나눕니다.
3 해당 내용을 소개하는 UCC를 제작하고 주변 사람들에게 전달합니다.

미/사/감 표현해요

예배를 드리고 난 후 서로에게 마음을 표현하며 꼬옥 안아 줍니다.
(~때문에) **미안해요 / 사랑해요 / 감사해요**

34주차
친구

기도해요

우리 가정의 주인이신 하나님 아버지, 오늘 예배를 통해 친구의 의미를 알아갈 수 있도록 인도해 주세요. 예수님의 이름으로 기도합니다. 아멘.

말씀을 읽어요

요나단은 제 목숨을 아끼듯이 다윗을 아끼어, 그와 가까운 친구로 지내기로 굳게 언약을 맺고, 자기가 입고 있던 겉옷을 벗어서 다윗에게 주고, 칼과 활과 허리띠까지 모두 다윗에게 주었다. 사무엘상 18:3-4, 새번역

말씀을 나눠요 ◆ 다윗이 블레셋 장군 골리앗과의 싸움에서 승리한 후, 이스라엘 백성들은 다윗을 사랑하고 존경하기 시작했단다. 그 모습을 본 이스라엘의 왕 사울은 다윗을 자신의 경쟁자로 여겨 경계하고, 다윗을 죽이려고까지 했어. 그러나 사울의 아들 요나단은 다윗을 자신의 지위를 위협하는 사람으로 여기지 않고, 하나님의 동역자로 생각했지. 뿐만 아니라 요나단은 다윗을 자기의 생명같이 사랑하고, 자기가 얻어야 할 왕위마저도 다윗을 위해 기꺼이 양보하는 놀라운 우정을 보여 주었단다. 이 말씀을 기억하며 그림책을 읽어 보자.

> 그림책을 나눠요

윌리와 휴
앤서니 브라운(글, 그림) • 웅진주니어(2003)

모두가 친구가 있지만 자기만 혼자라고 생각하며 산책하던 윌리는 달리고 있던 휴와 부딪쳐 넘어집니다. 서로 자기가 잘못한 거라고 사과하던 윌리와 휴는 친구가 됩니다. 둘은 공원에서 함께 시간을 보내고, 동물원과 도서관에도 갑니다. 휴는 윌리를 위해 악당 벌렁코를 혼내 주고, 윌리는 휴를 위해 거미를 치워 줍니다. 둘은 내일 다시 만날 것을 약속합니다.

❶ **표지를 보며 추론해요**

- 책을 읽기 전, 표지를 먼저 보며 흥미를 이끄는 정도로 간단하게 이야기를 나눕니다.

  Q 누가 윌리이고 휴일 것 같아? 둘은 어떤 사이일까?

❷ **그림책을 보며 생각을 나눠요**

- 윌리와 휴가 만나고 관계를 쌓아 가는 과정에서 서로에 대해 어떤 마음이었을지 이야기를 나눕니다.

🅠 휴의 말에 월리는 왜 웃은 것 같아? 월리의 웃음소리를 들으며 휴는 어떤 생각을 했을까?

🅠 월리와 휴는 동물원에 가면서 무슨 이야기를 하는 것 같아?

🅠 휴가 악당 벌렁코를 쫓아내고, 월리가 거미를 잡아 주었을 때 월리와 휴는 어떤 마음이었을까?

🅠 월리와 휴가 다시 만났을 때 어떤 면이 달라져 있지? 둘의 변화는 무엇을 의미할까?

❸ 삶으로 나눠요

- 월리와 휴는 부딪쳤을 때 서로 사과를 하며 상대방의 이야기를 듣고 존중해 줍니다. 친구의 관계를 만들어 가는 태도에 대해 이야기를 나눕니다.

🅠 월리와 휴가 친구가 될 수 있었던 이유는 무엇일까?

🅠 친구 간에 서로 지켜야 할 예의는 무엇일까?

이야기를 정리해요 ◆ 진정한 친구란 무엇일까? 월리와 휴처럼 마음이 상한 일이 있을 때 서로 사과할 줄 알고, 서로의 이야기를 들어주며, 위험할 때 도움을 주는 친구가 진정한 친구 아닐까? 또한 오늘 말씀에서 요나단은 자신이 가지고 있는 모든 것을 기꺼이 다윗에게 주고, 다윗을 자신의 목숨처럼 소중히 여기는 행동을 통해서 진정한 우정을 나누는 친구의 모습을 우리에게 보여 주었어. 나에게 이러한 친구가 있기를 기대하는 동시에, 나도 누군가에게 이러한 친구가 되어 진정한 우정을 나눌 수 있도록 노력하자.

기도해요

하나님 아버지, 친구와 함께 마음을 나누고, 서로의 약함을 세워 주고, 서로에게 기쁨이 되는 우리가 되게 해주세요. 예수님의 이름으로 기도합니다. 아멘.

활동해요

❶ 내 친구를 소개합니다

준비물 종이, 채색도구, 친구 사진

1 가족 구성원 모두 각자 소개하고 싶은 친구를 정합니다.
2 친구의 사진을 보며 그림을 그립니다.
3 친구의 모습, 좋아하는 것, 같이하면 즐거운 것, 친구가 잘하는 것, 친구를 도와줄 수 있는 방법, 친구로 인해 가장 속상했을 때 등 다양한 입장에서 친구를 소개합니다.

❷ 친구가 좋은 10가지 이유

1 친구가 좋은 10가지 이유에 대해서 이야기를 나눕니다.
2 긍정적인 면뿐만 아니라 부정적인 면까지 생각해 볼 수 있습니다.
   (친구의 ○○행동을 보면서 내가 그런 걸 싫어한다는 것을 알 수 있다)
3 친구로부터 받는 것뿐만 아니라 친구에게 줄 수 있는 것도 생각해 봅니다.

미/사/감 표현해요

예배를 드리고 난 후 서로에게 마음을 표현하며 꼬옥 안아 줍니다.
(~때문에) **미안해요** / **사랑해요** / **감사해요**

35주차 — 지체 됨

기도해요

우리 가정의 주인이신 하나님 아버지, 오늘 예배를 통해 지체 됨의 의미를 알아갈 수 있도록 인도해 주세요. 예수님의 이름으로 기도합니다. 아멘.

말씀을 읽어요

한 지체가 고통을 당하면, 모든 지체가 함께 고통을 당합니다. 한 지체가 영광을 받으면, 모든 지체가 함께 기뻐합니다. 여러분은 그리스도의 몸이요, 따로 따로는 지체들입니다. 고린도전서 12:26-27, 새번역

말씀을 나눠요 ◆ 바울은 머리 되신 예수님을 중심으로 성도 각 사람이 서로 연결된 유기체를 이루어 한몸을 이루는 것이 교회라고 했어. 다른 사람들의 아픔과 슬픔과 기쁨을 느끼지 못한다면 진정한 한몸이라고 할 수 없겠지. 우리가 몸의 연약한 부분을 더욱 보호하고 보살피듯이, 교회 안에서도 부족하고 연약한 자들을 더 존중하고 더 사랑해야 한단다. 그럴 때 그리스도의 몸인 교회는 자랑과 멸시로 서로 다투는 대신, 사랑으로 서로를 돌보는 아름다운 공동체가 될 수 있을 거야. 이 말씀을 기억하며 그림책을 읽어 보자.

그림책을 나눠요

프레드릭
레오 리오니(글, 그림) • 시공주니어(2013)

오래된 돌담은 수다쟁이 들쥐 가족의 보금자리입니다. 늦가을, 네 마리 들쥐들은 옥수수와 열매, 밀과 짚, 옥수수 등 양식을 모으기에 바쁩니다. 그러나 프레드릭은 양식을 모으지 않고 태양의 따뜻한 온기와 여름에 볼 수 있는 찬란한 색깔, 그리고 계절에 어울리는 낱말을 모으고 있습니다. 겨울이 되어 저장해 놓은 먹이가 떨어져 가자 들쥐들은 재잘댈 힘조차 잃어버립니다. 그때 들쥐들은 프레드릭에게 "네 양식은 어떻게 되었니?"라고 묻습니다. 프레드릭은 커다란 돌 위로 올라가 모두 눈을 감으라고 하고는 가을날 모아둔 햇살과 색깔과 이야기들을 나눕니다. 들쥐들은 그 이야기를 들으며 배고픔도 잊고 행복해합니다.

❶ **표지를 보며 추론해요**
- 책을 읽기 전, 표지를 먼저 보며 흥미를 이끄는 정도로 간단하게 이야기를 나눕니다.

    Q 프레드릭은 지금 무엇을 하고 있는 것 같아?

❷ 그림책을 보며 생각을 나눠요

• 들쥐 가족에게는 열매와 옥수수와 같은 양식뿐 아니라 햇살과 이야기와 같은 양식도 필요합니다. 들쥐 가족이 한몸을 이루었기에 이 모든 양식을 나눌 수 있음에 대해 이야기를 나눕니다.

  🅠 양식을 모으지 않은 프레드릭에 대해 다른 들쥐들은 어떤 마음이었을까?

  🅠 프레드릭이 여름에 모은 양식(햇살, 색깔, 이야기)들은 어떻게 들쥐들을 배부르게 했을까?

❸ 삶으로 나눠요

• 열심히 식량을 모으는 들쥐들과 열심히 햇살과 색깔과 이야기들을 모으는 프레드릭이 한몸을 이루어 어떻게 서로를 돌보았는지 이야기를 나눕니다.

  🅠 들쥐 가족들은 서로를 어떻게 돌보며 한몸을 이루었을까?

  🅠 우리 가족은 서로를 어떻게 돌보며 한몸을 이루고 있을까?

이야기를 정리해요 ◆ 다른 들쥐들은 열심히 식량을 모았지만, 프레드릭은 햇살과 색깔 이야기들을 모았어. 일을 하지 않는 듯한 이런 모습으로 인해 공동체 안에서 비난을 받을 수도 있는 상황이었지. 하지만 프레드릭은 먹을 양식이 떨어져 힘이 없어진 다른 들쥐들에게 자신이 여름 내내 열심히 모은 따스한 햇살과 색깔 이야기를 해주었고, 그 이야기는 모든 생쥐들이 추위와 배고픔을 잊게 해주었단다. 이처럼 공동체 안에 있는 지체들은 서로 다르지만 각자의 역할을 가지고 있어. 각 지체의 다름을 인정하고 서로서로 도움을 주고받을 때 진정한 한몸을 되어 아름다운 공동체를 세워 갈 수 있다는 사실을 기억하렴.

기도해요

하나님 아버지, 다양한 사람들이 공동체 안에서 한몸을 이루고 있음을 알았어요. 나와는 조금은 다른 사람이 있을지라도 한 지체임을 기억하고 서로 더 돌보고 섬기는 우리가 되게 해주세요. 예수님의 이름으로 기도합니다. 아멘.

활동해요

❶ 프레드릭이 전하는 햇살, 색깔, 이야기

1. 프레드릭이 되어서 다른 들쥐 가족들에게 햇살, 색깔, 이야기를 전합니다.
2. 어떤 몸짓과 목소리로 어떤 이야기를 전했을지 상상합니다.
3. 다른 가족들은 춥고 배고파서 이야기할 힘도 없는 모습으로 프레드릭이 전하는 이야기를 듣습니다.

❷ 우리는 한몸

준비물 안대, 장애물이 될 만한 소품

1. 두 명이 한 팀을 이룹니다.
2. 한 명이 안대를 하고 다른 한 명을 업습니다.
3. 다른 팀이 집안의 여러 소품들을 이용하여 장애물을 만듭니다.
4. 업힌 사람은 말로 지시하고, 안대를 한 사람은 지시를 듣고 장애물을 피해 목표지점까지 이동합니다.

미/사/감 표현해요

예배를 드리고 난 후 서로에게 마음을 표현하며 꼬옥 안아 줍니다.
(~때문에) **미안해요** / **사랑해요** / **감사해요**

36주차
받아들임

기도해요

우리 가정의 주인이신 하나님 아버지, 오늘 예배를 통해 받아들임의 의미를 알아갈 수 있도록 인도해 주세요. 예수님의 이름으로 기도합니다. 아멘.

말씀을 읽어요

먹는 사람은 먹지 않는 사람을 업신여기지 말고, 먹지 않는 사람은 먹는 사람을 비판하지 마십시오. 하나님께서는 그 사람도 받아들이셨습니다. 로마서 14:3, 새번역

말씀을 나눠요 ◆ 로마 기독교 공동체의 유대인들과 비유대인들 사이에는 크고 작은 갈등이 있었어. 특히 음식 문제로 인해서 두 부류로 나뉘어 있었지. 당시 시장에서 파는 고기의 대부분은 우상에게 바쳐진 것이었는데, 어떤 이들은 우상에게 드려졌던 고기를 먹는 일에 거리낌이 없었고, 어떤 이들은 우상에게 제사로 드렸던 것이기에 꺼림칙하여 먹지 않았어. 바울은 가치관과 삶의 방식이 다르다고 서로 비난하기보다는 서로를 온전히 받아들이고 조화를 이루어 영적으로 하나가 될 것을 강조했단다. 이 말씀을 기억하며 그림책을 읽어 보자.

그림책을 나눠요

찬성!
미야니시 다쓰야(글, 그림) • 시공주니어(2011)

사이좋은 늑대 오형제 비루, 바루, 보루, 부루, 베루가 점심밥 메뉴를 의논하고 있었습니다. 각각 다른 메뉴인 오믈렛, 사과, 새우 덮밥, 크로켓, 꽁치를 말합니다. 바루가 '돼지'를 먹자고 하자, 모두 찬성하고 돼지사냥을 갑니다. 새끼 돼지 다섯 마리를 발견한 늑대들이 한 마리씩 잡아먹으려고 할 때 비루만 사냥에 실패했다는 것을 알게 됩니다. 바루, 보루, 부르, 베루가 핑계를 대며 돼지를 양보하려 하지만 비루는 사양합니다. 그러다 비루가 먹고 싶다던 사과를 먹으러 가자고 하니 모두 찬성하며 새끼 돼지를 내려놓고 사과를 따러 달려갑니다.

❶ 표지를 보며 추론해요

- 책을 읽기 전, 표지를 먼저 보며 흥미를 이끄는 정도로 간단하게 이야기를 나눕니다.

  Q 늑대들은 지금 뭘 하고 있니?

  Q 무엇에 '찬성'을 한다는 걸까?

❷ 그림책을 보며 생각을 나눠요
- 다른 사람의 의견에 찬성한다는 것은 그 생각이 옳다는 뜻이기도 하지만, 그 사람의 마음을 배려하고 존중하려는 나의 태도를 보여 주기도 합니다. 늑대들의 찬성에는 어떤 마음이 숨어 있는지 이야기를 나눕니다.

    Q 서로 다른 것을 먹고 싶었는데 돼지를 먹자는 의견에 모두가 찬성한 이유는 무엇일까?

    Q 다섯 개의 음식 중 사과를 먹기로 찬성한 이유는 무엇일까?

❸ 삶으로 나눠요
- 의견이 다를 때 마음 상하는 사람이 없도록 배려하고, 자신의 성공을 자랑하기보다 자신의 것을 기꺼이 양보하며 약한 사람의 의견을 적극적으로 수용하는 늑대들의 모습에서 조화로운 공동체로 살아가기 위한 지혜를 찾을 수 있습니다.

    Q 늑대들이 사이좋은 비결은 무엇일까?

    Q 각자 마음과 생각이 다른 사람들이 서로 조화롭게 살아가기 위해서는 어떤 마음이 필요할까?

이야기를 정리해요 ◆ 사람들은 살아온 환경, 문화, 가치들이 모두 달라. 그렇기 때문에 한 사람 한 사람이 각각 다르지. 다름을 인정하고 받아들인다는 건 쉬운 일이 아니야. 하지만 우리가 함께 하나의 공동체로 서기를 원한다면 서로의 다름을 받아들일 수 있어야 한단다. 그 이유는 하나님이 나와 다른 그 사람도 이미 받아들이셨기 때문이야. 그렇다면 받아들인다는 것은 무엇일까? 오늘 그림책에서 늑대들의 모습을 보았지? 자신이 먹고 싶은 것이 있었지만, 누군가가 그것을 누리지 못할 때 자신의 것을 포기하고 약한 사람의 의견을 적극적으로 수용했어. 이처럼 성공을 자랑하기보다 자신의 것을 양보하고 상대방을 먼저 생각해 주는 것이 상대방을 받아들이는 모습이 아닐까?

기도해요

하나님 아버지, 서로 의견이 다를 때 다른 사람의 마음이 상하지 않도록 배려하고, 상대방의 의견과 상황을 적극적으로 받아들이는 마음을 가질 수 있도록 도와주세요. 예수님의 이름으로 기도합니다. 아멘.

활동해요

❶ 우리 집 가족회의

1 우리 가정에서 가장 첨예한 의견대립이 있는 안건을 이야기합니다. 만약 존재하는 문제가 없다면 가상 상황을 설정하여도 좋습니다.
(예: 가족 외식 장소 정하기, 가족 휴가지 정하기 등)
2 어떻게 의견을 나눌지, 어떤 방식으로 결정하는 것이 좋을지 이야기를 나눕니다.

❷ '찬성' 카드 만들기

준비물 종이, 채색도구

1 각자가 원하는 모양의 찬성 카드를 가족 수대로 제작합니다.
2 찬성 카드는 제작한 사람을 제외한 모든 가족에게 1회 사용할 수 있습니다.
3 찬성 카드를 사용하면, 모든 가족들은 카드를 제시한 사람의 의견에 무조건 찬성해야 합니다.
4 찬성 카드를 사용할 수 없는 예외적인 사항에 대해서 이야기를 나눕니다.
(예: 가정의 형편을 초과한 요구는 안 됨, 한 사람이 사용할 때 다른 사람은 제시할 수 없음 등)

미/사/감 표현해요

예배를 드리고 난 후 서로에게 마음을 표현하며 꼬옥 안아 줍니다.
(~때문에) 미안해요 / 사랑해요 / 감사해요

37주차 권위

기도해요

우리 가정의 주인이신 하나님 아버지, 오늘 예배를 통해 권위의 의미를 알아 갈 수 있도록 인도해 주세요. 예수님의 이름으로 기도합니다. 아멘.

말씀을 읽어요

주님께서 우리에게 주신 권위를 내가 좀 지나치게 자랑했다고 하더라도, 그 권위는 주님께서 여러분을 넘어뜨리라고 주신 것이 아니라, 세우라고 주신 것이므로, 나는 부끄러울 것이 없습니다. 고린도후서 10:8, 새번역

말씀을 나눠요 ◆ '권위'란 다른 사람을 지휘하거나 통솔하여 따르게 하는 힘을 의미해. 고린도 교회는 하나님께서 바울에게 주신 권위 아래 믿음을 잘 지키고 있었어. 그러나 거짓 교사들이 고린도에 들어온 후로 성도들의 믿음이 흔들리기 시작했지. 거짓 교사들은 예루살렘에서 받은 추천서를 권위로 삼아 바울과 고린도 교회 성도들을 이간질했단다. 특히 그들은 바울의 외모와 말이 형편없다고 비난하면서, 자기들이 얼마나 훌륭한 사람인지 자랑했어. 하지만 바울은 자신의 힘을 과시하거나 자랑거리로 삼기 위해 권위를 사용하지 않았어. 오히려 교회의 분열을 막고 교회를 든든히 세우기 위해 자신의 권위를 사용했단다. 이 말씀을 기억하며 그림책을 읽어 보자.

| 그림책을 나눠요 |

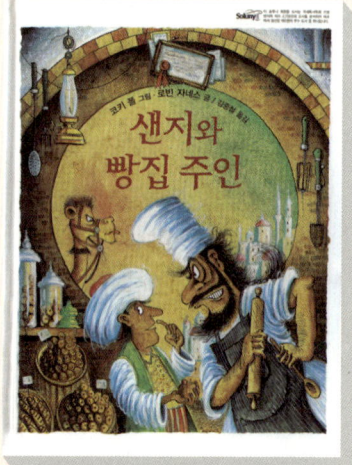

샌지와 빵집주인
로빈 자네스(글), 코키 폴(그림) • 비룡소(2000)

샌지는 여행 중 전설의 도시 후라치아에 잠시 머물기로 합니다. 빵집 위에 있는 작고 아담한 방은 아침마다 빵 냄새를 맡을 수 있어서 좋았습니다. 가난한 샌지는 작은 계피빵 하나를 사면서 매일 빵 냄새를 맡았습니다. 그러던 어느 날 빵집 주인은 빵 냄새 값을 내라고 샌지에게 요구합니다. 결국 둘은 재판소에 가게 됩니다. 재판관은 샌지에게 은닢 다섯 냥을 가지고 오게 합니다. 재판관은 놋쇠 그릇을 샌지 앞에 두고 한 번에 한 닢씩 던지게 하고, 빵집 주인에게 잘 들으라고 합니다. 그리고 나서 그 소리가 빵 냄새의 값이라고 판결하며 샌지에게 은닢을 돌려줍니다.

❶ **표지를 보며 추론해요**

- 책을 읽기 전, 표지를 먼저 보며 흥미를 이끄는 정도로 간단하게 이야기를 나눕니다.

    🇶 샌지와 빵집 주인은 어떤 사이일까? 지금 무슨 말을 하고 있는 걸까?

❷ **그림책을 보며 생각을 나눠요**

• 여행객(나그네)과 거주민의 재판에서 누가 유리할지 생각해 봅니다. 재판관이 존재하는 이유와 목적에 대해서 이야기를 나눕니다.

  Q 빵집 주인이 빵 냄새 값을 내라는 억지가 통할 거라고 생각한 이유는 무엇일까?

  Q 재판관이 그런 판결을 내린 이유는 무엇일까?

❸ **삶으로 나눠요**

• 모든 권위는 하나님으로부터 위임된 것입니다. 재판관은 하나님으로부터 위임받은 권위로 어떠한 판결을 내려야 하는지 이야기를 나눕니다.

  Q 이야기 속의 재판관은 어떤 사람일까?

  Q 이 재판관은 무엇을 중요하게 생각하는 사람일까?

이야기를 정리해요 ◆ 여행객이었던 샌지는 그 마을에 살고 있는 빵집 주인의 욕심 때문에 곤란한 일을 겪게 되었어. 하지만 정의롭고 지혜로운 재판관의 판결로 인해 억울한 일을 당하지 않을 수 있었지. 책에 나오는 재판관처럼 권위자는 권위에 맞는 태도와 판결을 내릴 줄 알아야 한단다. 자신의 힘을 내세우거나 이익을 위해 사용하지 않고 올바르고 공정하게 권위를 사용할 줄 알아야 하는 거야. 바울이 자신의 권위가 하나님으로부터 온 것임을 알고 그 권위를 교회를 세우는 데 사용했던 것처럼 말이야.

기도해요

하나님 아버지, 정의로운 재판관처럼 우리의 권위를 자신의 힘을 드러내거나 개인의 이익을 위해서 사용하지 않고, 다른 이를 위해 올바르고 공정하게 사용할 수 있도록 도와주세요. 예수님의 이름으로 기도합니다. 아멘.

활동해요

❶ 판결문 작성하기

준비물 종이, 필기도구

1 판사가 생각한 문제의 핵심과 그 해결 방법을 생각한 이유에 대해 이야기를 나눕니다.
2 '사건 제목, 사건 소개, 이에 ○○와 같이 판결합니다. 판사 ○○○'의 형태로 판결문을 작성합니다.

❷ 우리 집 법정

준비물 종이, 채색도구

1 가정에서 일어나는 여러 사건들에 대해 이야기를 나눕니다. 사건들을 해결할 수 있는 방법으로 '우리 집 법정'을 제안할 수 있습니다.
2 '우리 집 법정'의 규칙을 정합니다.
  (예: 가족 구성원 모두가 생각하고 판결해야 할 사항이라고 생각되는 사안에 대해 우리 집 법정에 판결을 요청할 수 있다, 요청하는 사람들이 판결자를 정할 수 있다)
3 판결자가 가져야 할 덕목에 대해서 이야기를 나눕니다.
  (예: 공정한 판결을 해야 한다)
4 '우리 집 법정'에 요청이 들어오면 규칙들을 고려하여 법정을 운영합니다.

미/사/감 표현해요

예배를 드리고 난 후 서로에게 마음을 표현하며 꼬옥 안아 줍니다.
(~때문에) **미안해요** / **사랑해요** / **감사해요**

38주차 규칙

기도해요

우리 가정의 주인이신 하나님 아버지, 오늘 예배를 통해 규칙의 의미를 알아갈 수 있도록 인도해 주세요. 예수님의 이름으로 기도합니다. 아멘.

말씀을 읽어요

그리고 예수께서는 그들에게 말씀하셨다. "안식일이 사람을 위하여 생긴 것이지, 사람이 안식일을 위하여 생긴 것이 아니다." 마가복음 2:27, 새번역

말씀을 나눠요 ◆

사람들이 질서를 지키고 평화롭게 살기 위해서는 법과 규칙이 꼭 필요하단다. 만약 법과 규칙이 없으면 사회는 순식간에 아수라장이 되고 말 거야. 법과 규칙은 국민들이 법에 따라 안심하며 생활할 수 있도록 하기 위해 만들어진 것이지. 오늘 말씀에서 제자들이 배고픔으로 인해 안식일에 이삭을 잘라 먹자 바리새인들은 안식일을 거스르는 행위라며 예수님과 제자들을 비난했어. 그때 예수님은 사람이 안식일을 위해 생긴 것이 아니라 안식일이 사람을 위해 생긴 것이라고 말씀하셨단다. 이 말씀을 기억하며 그림책을 읽어 보자.

| 그림책을 나눠요 |

도서관에 간 사자
미셸 누드슨(글), 케빈 호크스(그림) • 웅진주니어(2007)

도서관의 메리웨더 관장님은 도서관에서는 큰소리를 내지 말고 꼭 걸어 다녀야 한다는 규칙을 중요하게 생각합니다. 어느 날, 도서관에 사자가 옵니다. 메리웨더 관장님은 사자가 규칙만 잘 지킨다면 언제든 와도 좋다고 허락합니다. 이야기 시간을 좋아하는 사자는 도서관을 규칙을 지키며 아이들의 등받이가 되어 주기도 하고 관장님을 도와주기도 합니다. 어느 날 관장님이 쓰러진 것을 발견한 사자는 큰소리를 내게 되고, 규칙을 어긴 사자는 스스로 도서관을 떠납니다. 사자를 못마땅하게 여기던 맥비 씨는 사자를 찾아가 '으르렁거리면 안 됨. 단 그럴 만한 이유가 있는 경우는 예외임'이라는 규칙을 알려 줍니다.

❶ 표지를 보며 추론해요

- 책을 읽기 전, 표지를 먼저 보며 흥미를 이끄는 정도로 간단하게 이야기를 나눕니다.

  도서관은 어떤 곳이지? 도서관에는 어떤 규칙이 있을까?

  도서관에 사자가 온다면 어떨까?

❷ 그림책을 보며 생각을 나눠요

- 조용해야 한다는 도서관의 규칙과 그 규칙을 어길 수밖에 없는 경우에 대해서 이야기를 나눕니다.

  > 사자는 이야기 시간이 끝나고 왜 으르렁거렸을까? 도서관에서 으르렁거리면 안 되는 이유는 무엇일까?

  > 사자는 관장님이 다친 것을 알리려고 맥비 씨에게 끄응 소리를 내며 코로 가리켜 보았지만 아무 소용이 없었어. 그래서 어쩔 수 없이 요란한 소리를 내었지. 어떤 마음으로 소리를 낸 걸까?

❸ 삶으로 나눠요

- 규칙은 구성원들을 보호하기 위한 목적으로 만들어졌습니다. 가끔 규칙을 어길 때도 있겠지만 그것은 개인적인 욕심이 아닌 생명과 관련되어 있을 때여야만 합니다.

  > 도서관의 규칙은 무엇이지? 도서관에서 큰소리를 낼 때도 있을까?

  > 어른들이 하는 말에 무조건 순종해야 할까? 순종하지 않아도 될 때가 있을까?

이야기를 정리해요 ◆ 규칙은 공동체 안에서 질서를 유지하고 구성원들을 보호하기 위해 만들어진 것이란다. 그렇기 때문에 규칙을 지키는 건 매우 중요해. 하지만 이러한 규칙이 오히려 구성원들을 해치거나 보호해 주지 못하는 상황이 발생한다면 규칙을 어길 때도 있겠지. 사자가 메리웨더 관장님을 살리기 위해 도서관에서 으르렁거릴 수밖에 없었던 것처럼 말이야. 오늘 말씀을 보면, 안식일은 사람을 위하여 있는 것인데 많은 유대인들은 율법만을 지키다가 그 의미를 잊어버리는 지경에 이르게 되었어. 의미를 잊어버린 율법은 사람을 보호하기는커녕 오히려 위험에 빠뜨리고 말지. 율법을 잘 지키되, 생명을 귀하게 여기고 서로 사랑하라는 하나님의 뜻은 잊어버리지 않도록 우리 모두 노력하자.

기도해요

하나님 아버지, 공동체의 질서를 위해서는 법과 규칙이 필요하지만, 생명과 관련된 일일 경우에는 예외규정이 있음을 알게 되었어요. 규칙에 앞서 생명이 우선임을 늘 기억하는 우리가 되게 해주세요. 예수님의 이름으로 기도합니다. 아멘.

활동해요

❶ 우리를 보호해 주는 규칙 찾기

1. 여럿이 함께 사용하는 곳에 다양한 규칙이 만들어진 이유에 대해 이야기를 나눕니다.
2. 우리를 보호해 주기 위한 규칙에는 어떤 것이 있는지 여러 장소에서 찾아봅니다. (예: 식당에서는 뛰어다니지 않아요)
3. 이 모든 규칙보다 더 중요한 규칙이 있을 수 있는 경우에 대해서 이야기를 나눕니다. (예: 평소에는 뛰면 안 되지만 ○○한 상황에는 뛰어야 해요)

❷ 우리 가정의 규칙 만들기

준비물 종이, 채색도구

1. 우리 가정에 필요한 규칙에 대해 이야기를 나눕니다.
2. 여러 규칙이 있겠지만 그중에서 가장 중요한 규칙이라고 생각하는 것을 세 가지 꼽습니다.
3. 규칙을 지키지 못할 예외적인 상황에 대해서도 이야기를 나눕니다.
4. 우리 가정의 규칙을 글과 그림으로 표현합니다.

미/사/감 표현해요

예배를 드리고 난 후 서로에게 마음을 표현하며 꼬옥 안아 줍니다.
(~때문에) **미안해요 / 사랑해요 / 감사해요**

39주차
충성

기도해요

약속하신 것을 이루시는 하나님 아버지, 오늘 예배를 통해 충성의 의미를 알아갈 수 있도록 인도해 주세요. 예수님의 이름으로 기도합니다. 아멘.

말씀을 읽어요

믿음으로 노아는, 하나님께서 아직 보이지 않는 일들에 대하여 경고하셨을 때에, 하나님을 경외하고 방주를 마련하여 자기 가족을 구원하였습니다. 이 믿음을 통하여 그는 세상을 단죄하고, 믿음을 따라 얻는 의를 물려받는 상속자가 되었습니다. 히브리서 11:7, 새번역

말씀을 나눠요 ◆ 노아는 하나님과 동행했던 믿음의 사람이란다. 하나님은 노아에게 죄가 가득한 이 땅을 물로 심판하겠다고 말씀하시며, 큰 홍수를 대비해 방주를 지으라고 하셨어. 노아는 배를 만들어 본 적도 없었고, 항구 도시에 사는 것도 아니었어. 게다가 하나님이 만들라고 하신 배는 대략 길이 135m, 너비 22.5m, 높이 13.5m의 거대한 방주였지. 또한 방주를 완성하기까지 약 100년이 넘게 걸렸을 뿐만 아니라, 마을 사람들도 어리석다며 비웃었기에 포기할 수도 있었을 거야. 하지만 노아는 하나님의 말씀에 충성스럽게 순종하여 방주를 만들었고 결국 구원을 받았단다. 이 말씀을 기억하며 그림책을 읽어 보자.

그림책을 나눠요

노아의 방주
아서 가이서트(글, 그림) • 비룡소(2003)

방주를 지으라는 명령을 받은 노아와 노아의 아들들은 암수 한 쌍씩 탈 수 있는 커다란 방주를 짓습니다. 비가 내리고 모든 동물들이 방주에 오르자 방주의 문이 닫힙니다. 수많은 날 동안 비가 왔지만 방주 안은 따뜻했고 북적댔습니다. 동물들을 보살피는 일은 끝도 없었습니다. 비가 멈추어 비둘기를 날려 보냈더니 비둘기는 올리브 가지를 물고 돌아왔습니다. 물이 빠지고 방주의 문이 열리자 다시는 물로 심판하지 않겠다는 약속의 무지개를 볼 수 있었습니다.

❶ 표지를 보며 추론해요
- 책을 읽기 전, 표지를 먼저 보며 흥미를 이끄는 정도로 간단하게 이야기를 나눕니다.

  Q 노아의 방주는 무엇일까?

❷ 그림책을 보며 생각을 나눠요
- 노아가 방주를 만들고, 방주 속 동물들을 돌보는 과정 속에서 어떻게 충성된 모습을 보였는지 상상하며 이야기를 나눕니다.

🅠 방주를 만들 때 어떤 것이 힘들었을까?

🅠 방주 안에서 동물들을 보살피고 돌보는 일은 어떠했을까?

❸ 삶으로 나눠요

- 노아는 하나님에 대하여 진정으로 우러나오는 정성스러운 마음을 가지고 방주를 만들고 동물들을 보살피는 일을 했습니다. 아주 작고 사소해 보이더라도 하나님을 위해 정성스럽게 하고 있는 일에는 어떤 것이 있는지 이야기를 나눕니다.

🅠 노아는 방주를 짓고, 동물들을 돌보는 일들을 어떤 마음으로 했을까?

🅠 우리가 하나님에 대해 정성스러운 마음으로 하고 있는 일들은 무엇일까? 그것에 대해 하나님은 어떤 마음을 갖고 계실까?

이야기를 정리해요 ◆ 오늘 그림책을 통해서도 노아의 충성스러움을 볼 수 있었지? 노아는 믿음을 가지고 오랜 시간 동안 방주를 짓는 데 힘을 썼어. 많은 사람들이 조롱하고 비난했지만 노아는 주위의 시선에 신경 쓰지 않고 하나님의 말씀 앞에 순종했지. 이렇게 진정으로 우러나오는 정성스러운 마음을 가지고 맡은 일에 묵묵히 최선을 다하는 것을 충성이라고 한단다. 노아의 충성은 결국 세상을 심판하시는 하나님의 계획 앞에 또 다른 소망의 시작이 될 수 있었어. 우리도 노아처럼 하나님의 말씀 앞에 진심으로 충성할 수 있도록 노력하자.

기도해요

하나님 아버지, 우리가 해야 할 일들이 무엇인지 알게 하시고, 못 한다고 핑계를 대거나 포기하지 말고 맡겨진 일에 끝까지 최선을 다하는 충성된 사람이 되게 해주세요. 예수님의 이름으로 기도합니다. 아멘.

활동해요

❶ 방주 상황극

1 노아와 그 가족, 동물들 역할을 누가 맡을지 정합니다.
2 여러 상황들을 설정하고 그에 맞는 장면들에 맞추어 극화합니다.
   (방주를 지으라는 명령을 받았을 때, 방주 생활 40일차 등)

❷ 과일로 노아의 방주 만들기

준비물 바나나, 그 외 작은 과일과 채소, 동물모양 과자

1 과일을 이용하여 방주를 만들어 보자고 제안합니다.
2 바나나를 방주의 긴 바닥으로 삼고, 그 위를 작은 과일과 채소, 동물모양 과자로 꾸밉니다.
3 방주를 만들면서 상황극을 할 수 있습니다.

미/사/감 표현해요

예배를 드리고 난 후 서로에게 마음을 표현하며 꼬옥 안아 줍니다.
(~때문에) 미안해요 / 사랑해요 / 감사해요

기도해요

우리 가정의 주인이신 하나님 아버지, 오늘 예배를 통해 존중의 의미를 알아갈 수 있도록 인도해 주세요. 예수님의 이름으로 기도합니다. 아멘.

말씀을 읽어요

모든 사람을 존중하며, 믿음의 식구들을 사랑하며, 하나님을 두려워하며, 왕을 공경하십시오. 베드로전서 2:17, 새번역

말씀을 나눠요 ◆ 존중이란 상대방을 높이어 귀중하게 대하는 것이란다. 우리 모두는 하나님의 형상대로 지음 받은 사람이기에 다른 사람을 마땅히 존중해야 해. 존중한다는 것은 상대방의 행동, 언어, 감정 등 그 사람 그대로를 인정하고, 그 사람의 관점에서 세상을 보려고 노력하는 것이란다. 사도 베드로도 소아시아에 흩어져 살고 있던 성도들에게 교인들뿐만 아니라 주변 사람들 모두를 존중하라고 말했어. 그 당시 성도들을 힘들게 했던 로마인들에게도, 또한 사람 취급받지 못했던 노예(종)들까지도 모두를 존중해야 한다고 했지. 모두가 하나님의 형상대로 지음 받은 존재이기 때문이야. 이 말씀을 기억하며 그림책을 읽어 보자.

| 그림책을 나눠요 |

앨버트, 쉿!
이자벨 아르스노(글, 그림) • 미세기(2019)

골목 사이로 줄지어 있는 집에 앨버트는 삽니다. 집이 시끄러워 바깥으로 나온 앨버트는 파란 바다와 아름다운 석양의 그림을 발견하고 의자를 가져와 그림을 즐깁니다. 고요한 앨버트의 세계는 화분을 손질하자는 여자친구들, 배드민턴 치자는 톰, 동생과 고양이를 돌보는 친구, 노래를 들으며 춤추는 친구, 보드 타는 지미로 인해 소란스러워집니다. 앨버트는 책을 읽을 수 없다며 화를 내고 친구들은 각자의 집으로 갑니다. 화를 낸 것이 미안한 앨버트 옆으로 친구들이 책을 들고 옵니다. 앨버트와 친구들은 고요한 바다 풍경에 흠뻑 젖어 듭니다.

❶ **표지를 보며 추론해요**

- 책을 읽기 전, 표지를 먼저 보며 흥미를 이끄는 정도로 간단하게 이야기를 나눕니다.

  Q 앨버트는 누구일까? 무엇을 하고 있지?

  Q "쉿!"이라는 말은 언제 쓰지? 왜 앨버트에게 "쉿"이라고 말하는 걸까?

❷ 그림책을 보며 생각을 나눠요

- 그림을 감상하고 싶은 앨버트와 놀고 싶은 아이들의 마음에 대해 이야기 나눕니다.

  Q 앨버트는 바다 그림을 발견하고 어떻게 했지? 바다 그림 속에 푹 빠져 있는 앨버트의 마음은 어떤 것 같아?

  Q 한창 재미있게 놀고 있는데 "조용히 하라고! 책을 읽을 수가 없잖아"라고 소리치는 앨버트에게 너라면 어떻게 했을 것 같아?

❸ 삶으로 나눠요

- 상대방의 관점에서 생각해 보려고 노력하는 마음이 존중임을 이해하고 이야기를 나눕니다.

  Q 앨버트의 친구들이 책을 가지고 다시 오게 된 이유는 무엇일까?

  Q 나의 마음이나 나의 입장이 아닌 다른 사람의 입장에서 생각하려고 노력하는 마음이 필요한 이유는 무엇일까?

이야기를 정리해요 ◆ 앨버트는 그림을 보거나 조용히 책을 읽고 싶어 하는 아이였단다. 하지만 주위의 다른 아이들의 행동들 때문에 자신이 하고자 하는 일을 하지 못했지. 견디기 힘들었던 앨버트는 아이들에게 화를 내지만, 그렇게 행동한 앨버트의 마음을 잘 이해한 친구들은 미안해하는 앨버트 옆에 조용히 앉아 앨버트가 경험하고 싶어 했던 것을 함께해 주었단다. 존중이라는 것은 서로의 다름이 있더라도 상대방이 가진 것을 인정해 주고 이해해 주는 것을 뜻해. 친구들은 앨버트를 존중해 주었단다. 그러했기에 자신들이 하고 있던 것을 그만두고 앨버트의 삶에 동참해 주고 옆에 있어 줄 수 있었던 거야. 하나님은 우리가 서로의 다름을 받아들이고 인정해 주는 존중의 관계로 서 가길 원하신단다. 그렇게 할 때 우리는 진정으로 함께함을 경험할 수 있을 거야. 모든 사람을 존중하고 사랑하는 우리가 되도록 하자.

기도해요

하나님 아버지, 친구들이 앨버트를 존중해 주었던 것처럼, 우리도 다른 사람을 있는 모습 그대로 인정해 줄 수 있는 마음을 갖게 해주세요. 예수님의 이름으로 기도합니다. 아멘.

활동해요

❶ 다른 인물이 되어 오늘의 사건을 회상하기

1. 자신과 닮았거나 재미있었던 인물을 선정합니다.
2. 그 인물의 입장에서 오늘의 사건에 대해 이름을 짓고 이야기를 회상합니다.
   예) 아기를 돌보던 아이 : 고양이를 데려오는 동안 아기를 잠깐 봐 달라고 앨버트에게 말했지만 앨버트의 대답을 듣지 않고 당연하다는 듯이 아기를 맡긴 것에 대해
3. 앨버트가 화를 내고 다시 집으로 돌아갔을 때의 마음, 책을 가지고 골목으로 나가기로 마음먹게 된 이유 등을 이야기합니다.

❷ 가족 간에 꼭 지켜 주길 바라는 나의 세계에 대해 나누기

1. 각자 가족들이 지켜 주길 바라는 나의 세계(시간)들에 대해 한 가지씩 이야기를 나눕니다.
2. 나의 세계를 지켜 주길 바랄 때 요청하는 규칙을 정합니다.

미/사/감 표현해요

예배를 드리고 난 후 서로에게 마음을 표현하며 꼬옥 안아 줍니다.
(~때문에) **미안해요** / **사랑해요** / **감사해요**

41주차
친절

기도해요

우리 가정의 주인이신 하나님 아버지, 오늘 예배를 통해 친절한 마음을 품을 수 있도록 인도해 주세요. 예수님의 이름으로 기도합니다. 아멘.

말씀을 읽어요

섬 사람들이 우리에게 특별한 친절을 베풀어 주었다. 비가 내린 뒤라서 날씨가 추웠으므로, 그들은 불을 피워서 우리를 맞아 주었다. 사도행전 28:2, 새번역

말씀을 나눠요 ◆
바울을 태운 로마제국의 죄수 호송선은 큰 광풍을 만나 산산이 부서지고 말았어. 배에 타고 있던 사람들은 14일 동안 바다에 표류하면서 추위와 배고픔에 시달렸지만 다행히 모두 구출되어 몰타 섬에 도착했어. 그때 섬의 원주민들은 가까스로 살아나온 276명의 사람들을 따뜻이 환대하고 친절을 베풀었단다. 원주민들은 낯선 사람들을 위해 수고로이 불을 피워 젖은 옷을 말리게 하였고 추위에 떨고 있는 몸을 녹이게 해주었어. 이는 하나님께서 원주민들의 마음을 움직이셔서 바울과 그 일행들에게 특별한 은혜를 베풀게 하셨기 때문이야. 이 말씀을 기억하며 그림책을 읽어 보자.

| 그림책을 나눠요 |

혼자가 아니야 바네사
케라스코에트(지음) • 웅진주니어(2018)

2016년 미국 텍사스의 베일러 대학교에서 어느 흑인 학생이 집단 따돌림을 당했을 때 300여 명의 학생들이 그 친구의 등굣길을 함께 걸어 주었던 사건을 모티프로 한 그림책입니다. 새 학교로 전학 온 바네사는 혼자입니다. 한 친구가 다가오더니 손가락질하며 놀립니다. 그런 바네사를 바라보는 다른 친구가 있습니다. 친구는 다른 친구들에게 바네사의 곤경을 이야기하며 고민을 털어놓습니다. 밤새 바네사 생각을 하던 친구는 다음 날 바네사와 함께 학교에 갑니다. 등굣길에 만난 다른 친구들도 바네사의 손을 잡고 함께 갑니다. 이제 바네사는 혼자가 아닙니다.

❶ 표지를 보며 추론해요

- 책을 읽기 전, 표지를 먼저 보며 흥미를 이끄는 정도로 간단하게 이야기를 나눕니다.

  바네사는 누구일까?

  누가 바네사에게 "혼자가 아니야"라고 말하는 걸까? 왜 이런 말을 해주는 걸까?

❷ **그림책을 보며 생각을 나눠요**

- 글 없는 그림책은 그림을 보며 함께 이야기를 완성해 갈 수 있습니다. 각 인물의 마음과 생각을 유추해 보고, 어떤 대화를 했을지 상상해 보며 이야기를 완성하도록 합니다. 바네사의 어려움은 무엇이었는지, 그리고 바네사의 어려움을 보게 된 친구의 마음은 어떠했을지 이야기를 나눕니다.

    Q 전학을 온 바네사의 학교생활은 어떠했지?

    Q 바네사가 남자아이로부터 속상한 말을 듣고 슬퍼하는 모습을 본 친구의 마음은 어땠을까?

    Q 바네사가 당한 어려움을 전해 들은 친구들의 표정은 어떻지? 왜 그런 표정일까?

❸ **삶으로 나눠요**

- 바네사에게 베푼 작은 친절은 다른 사람의 어려움을 외면하지 않은 친구의 마음에서 시작되었습니다. 친절을 베푼 사람이나 친절을 받은 사람 모두에게 생기는 풍성한 마음에 대해 이야기를 나눕니다.

    Q 친구가 먼저 찾아와 손잡아 주었을 때 바네사의 마음은 어땠을까?

    Q 바네사의 손을 잡아 주고 함께 학교에 간 친구들의 마음은 어땠을까?

    Q 하나님의 특별한 친절을 전할 수 있는 방법에는 무엇이 있을까?

이야기를 정리해요 ◆ 우리 주위를 둘러보면 바네사와 같이 소외당하고 외로워하는 사람들을 많이 찾아볼 수 있어. 이럴 때 우리는 어떻게 해야 할까? 손가락질을 해야 할까? 그냥 가만히 지켜봐야 할까? 아니면 용기를 내어 다가가야 할까? 오늘 말씀을 보면, 바울이 탄 배가 부서지면서 바울과 일행은 몰타 섬에 가게 되었어. 우연히 도착한 그곳에서 만난 원주민들은 바울의 일행을 따뜻하게 섬겨 주었지. 그들의 친절로 인해 바울은 그곳 사람들과 교제하며 예수님을 전할 수 있었어. 서로 친절하게 대하면 친절을 베푼 사람과 친절을 받은 사람 모두에게 풍성한 마음이 넘쳐나고 기쁜 일들도 생기게 된단다.

기도해요

하나님 아버지, 우리 주변에 있는 소외당하고 외로워하는 사람들에게 친절을 베풀고 따뜻한 사랑을 전하는 우리가 되게 해주세요. 예수님의 이름으로 기도합니다. 아멘.

활동해요

❶ '작은 친절' 목록 만들기

준비물 종이, 필기도구

1. 작고 사소하지만 상대방에게 정겹고 부드럽게 대하는 친절한 행동에는 무엇이 있는지 이야기를 나눕니다.
2. 다른 사람이 나를 친절하게 대했다고 생각했던 경험을 이야기할 수도 있습니다.
3. 작은 친절에 대한 목록을 작성합니다.

❷ 우리 가정의 작은 친절

준비물 종이, 필기도구

1. 가정에서 경험한 작은 친절에 대해 이야기하고, 그때 어떤 마음이었는지 나눕니다.
2. 우리 가정이 이웃에게 받은 작은 친절은 무엇이며 그때 어떤 마음이었는지 나눕니다.
3. 우리 가정이 이웃에게 전한 작은 친절은 무엇이며 친절을 베풀 때의 마음은 어떠했는지 나눕니다.
4. 정겹고 부드럽게 대하지 못한 모습에는 어떤 것이 있었는지 나눕니다.
   (예: 인사 안 하기, 피하기)
5. 구체적인 실행계획을 세우고 행동합니다.

미/사/감 표현해요

예배를 드리고 난 후 서로에게 마음을 표현하며 꼬옥 안아 줍니다.
(~때문에) **미안해요** / **사랑해요** / **감사해요**

자비

기도해요

우리 가정의 주인이신 하나님 아버지, 오늘 예배를 통해 자비로운 마음을 품을 수 있도록 인도해 주세요. 예수님의 이름으로 기도합니다. 아멘.

말씀을 읽어요

자비한 사람은 복이 있다. 하나님이 그들을 자비롭게 대하실 것이다.

마태복음 5:7, 새번역

말씀을 나눠요 ◆ 마태복음 5장에서 예수님은 산 위에 오르셔서 제자들에게 '복 있는 사람'에 대해 말씀하셨어. 오늘 본문은 예수님이 말씀하신 여덟 가지 복 중에 다섯 번째 복인 '자비한 사람'에 대한 이야기란다. 자비는 다른 사람을 깊이 사랑하고 가엾게 여긴다는 뜻이야. 단지 가엾게 여기는 것뿐만 아니라 어려움 가운데 있는 사람들을 몸소 도와주는 적극적인 행동까지 포함하지. 하나님께서 먼저 우리에게 자비를 베풀어 주신 것처럼 우리도 하나님의 마음으로 다른 이를 가엾게 여기고 적극적으로 섬길 때 '복 있는 사람'이라는 칭찬을 받게 된단다. 이 말씀을 기억하며 그림책을 읽어 보자.

| 그림책을 나눠요 |

로쿠베, 조금만 기다려
하이타니 겐지로(글), 초 신타(그림)・양철북(2006)

에지는 구덩이에 로쿠베가 빠진 것을 발견했습니다. 개가 구덩이에 빠진 것이 바보 같다고 생각하지만 다섯 명의 아이들은 해결 방법을 찾습니다. 아이들은 어머니들을 불러왔지만 남자가 있어야 한다며 와글와글 말만 하다 집으로 돌아갑니다. 골프채를 든 아저씨도 보고 그냥 지나갑니다. 아무도 믿을 수 없다고 생각한 아이들은 로쿠베가 좋아하는 개 쿠키를 바구니에 내려 보냅니다. 쿠키를 본 로쿠베가 반가워 바구니에 올라타면 다시 올릴 계획을 세운 것입니다. 결국 아이들은 로쿠베를 무사히 구출합니다.

❶ 표지를 보며 추론해요
- 책을 읽기 전, 표지를 먼저 보며 흥미를 이끄는 정도로 간단하게 이야기를 나눕니다.

  Q 로쿠베는 누구일까? 무엇을 기다리라는 걸까?

  Q 로쿠베가 있는 곳은 어디일까? 로쿠베는 지금 기분이 어떤 것 같아?

❷ 그림책을 보며 생각을 나눠요

- 로쿠베를 구하는 과정을 살펴보며 로쿠베를 향한 진정한 자비의 마음은 무엇인지 생각해 봅니다.

    > 아이들은 로쿠베가 구덩이에 빠진 것을 알게 되었어. 소리만 듣고도 로쿠베인지 어떻게 알 수 있었을까?

    > 로쿠베를 위해서 아이들이 생각한 방법과 어른들이 생각한 방법은 어떻게 다른 것 같아? 아이들은 어른들을 향해 "비겁해"라고 말하는데 왜 비겁한 걸까?

    > 아이들은 쿠키를 내려 보내는 방법을 어떻게 생각하게 된 걸까? 자비는 남을 깊이 사랑하고 가엾게 여기는 마음인데, 로쿠베에 대해 어떤 마음이었기에 그런 생각을 하게 된 걸까?

❸ 삶으로 나눠요

- 자비의 마음이 어떻게 전해져야 하는지, 진정한 자비의 마음은 무엇인지 이야기를 나눕니다.

    > 아이들은 구덩이에 빠진 로쿠베가 바보 같다고 하면서도 왜 구해 주려고 이런저런 방법을 생각했을까? 그런 마음은 어떤 마음일까?

    > 로쿠베를 향한 그 마음에 대해서 하나님은 어떻게 생각하실까? 하나님이라면 어떻게 하셨을까?

이야기를 정리해요 ◆ 구덩이에 빠진 로쿠베를 걱정하는 아이들의 마음을 보았니? 어른들은 사람이 아니라서 다행이라며 구덩이에 빠진 로쿠베를 적극적으로 구하려 하지 않았지만, 아이들은 로쿠베를 불쌍히 여기고 구해 주려고 했어. 로쿠베를 향한 자비의 마음은 결국 로쿠베를 깊은 웅덩이에서 구해 주었단다. 오늘 말씀은 다른 사람들에게 자비를 베푸는 사람은 하나님께서도 자비롭게 대해 주실 거라고 약속하고 있어. 자비의 마음으로 로쿠베를 구해 주었던 아이들처럼 누군가의 아픔과 위험을 자비의 마음으로 도울 줄 아는 우리가 되도록 하자.

기도해요

하나님 아버지, 다른 이의 아픔을 가엾게 여길 뿐 아니라 어려움 가운데 있는 사람들을 적극적으로 도와줄 수 있는 자비로운 마음을 우리에게 허락해 주세요. 예수님의 이름으로 기도합니다. 아멘.

활동해요

❶ 주인공들에게 '자비상' 주기

준비물 종이, 채색도구

1. 아이들의 행동에 대해 주고 싶은 상의 이름과 상의 내용에 대해서 이야기를 나눕니다.
2. 종이에 상장 모양을 그리고 '상의 이름, 받는 이, 상의 내용, 날짜, 상을 주는 사람'의 내용을 작성합니다.

❷ 우리 가족의 자비의 모습 찾기

1. 가족들의 모습 속에서 느꼈던 자비의 마음과 행동에 대해 서로 이야기합니다.
2. 다른 사람을 깊이 사랑하고 가엾게 여기는 마음이 구체적으로 어떠했는지, 그런 마음으로 다른 사람에게 베푼 혜택이 있었는지 구체적으로 이야기합니다.
3. 한 사람씩 돌아가면서 "아주 많이 칭찬합니다" 또는 "하나님이 너를 자비롭게 대하실 거야"라는 축복의 말을 합니다.

미/사/감 표현해요

예배를 드리고 난 후 서로에게 마음을 표현하며 꼬옥 안아 줍니다.
(~때문에) 미안해요 / 사랑해요 / 감사해요

기도해요

우리 가정의 주인이신 하나님 아버지, 오늘 예배를 통해 너그러움의 의미를 알아갈 수 있도록 인도해 주세요. 예수님의 이름으로 기도합니다. 아멘.

말씀을 읽어요

여러분은 모든 일에 있어서 뛰어납니다. 곧 믿음에서, 말솜씨에서, 지식에서, 열성에서, 우리와 여러분 사이의 사랑에서 그러합니다. 여러분은 이 은혜로운 활동에서도 뛰어나야 할 것입니다. 고린도후서 8:7, 새번역

말씀을 나눠요 ◆ 너그럽다는 것은 다른 사람에 대해 환영하는 마음을 가지는 거란다. 너그러운 사람은 자신의 삶을 다른 사람들에게 기쁨으로 나누고, 더 나아가서는 다른 사람들이 삶을 나눌 때 받을 줄 아는 사람이지. 고린도후서 8장에 보면 이러한 너그러움의 중요성을 잘 표현하고 있어. 마게도냐 교인들은 극심한 가난 가운데서도 예루살렘 성도들을 위해 넉넉한 마음으로 헌금을 했어. 가진 것이 많아서 나누었던 것은 아니란다. 대가를 계산하지 않고, 다른 사람들의 필요를 알기에 자신을 내어주었던 거야. 바울은 고린도 교회가 예수님처럼, 마게도냐 교회처럼 너그러운 마음으로 어려움에 처한 성도들을 돕길 바랐단다. 이 말씀을 기억하며 그림책을 읽어 보자.

| 그림책을 나눠요 |

친구의 전설
이지은(글, 그림) • 웅진주니어(2021)

친구들과 놀고 싶지만 "맛있는 거 주면 안 잡아먹지"라며 엄포를 놓는 호랑이가 있습니다. 어느 날 호랑이 꼬리에 민들레가 심겨지는데, 민들레는 "맛있는 거 주면 고맙다"라고 얘기하며 동물들과 친근하게 지냅니다. 민들레는 호랑이와 함께 절벽에 떨어진 알도 구하고, 다리가 없어져 어려움을 당한 작은 동물들도 돕습니다. 둘이 함께 놀던 호랑이와 민들레는 하얗게 변합니다. 둘은 밤 산책을 하던 중 그물에 걸리고 마는데, 민들레는 게임을 이용해 호랑이가 자신을 불게 합니다. 민들레의 씨앗이 퍼져나가자 동물들이 호랑이를 구하러 달려옵니다.

❶ **표지를 보며 추론해요**

- 책을 읽기 전, 표지를 먼저 보며 흥미를 이끄는 정도로 간단하게 이야기를 나눕니다.

  Q 호랑이와 민들레는 어떤 관계일까?

  Q 호랑이와 민들레는 무슨 이야기를 하고 있을까?

❷ 그림책을 보며 생각을 나눠요

- 호랑이와 민들레의 행동을 비교하고 민들레를 통한 호랑이의 변화에 대해 이야기를 나눕니다.

    Q 호랑이와 민들레는 친구들을 만났을 때 행동이 달랐어. 어떻게 달랐지?

    Q 호랑이와 민들레는 친구들이 도움을 요청했을 때도 행동이 달랐어. 어떻게 달랐지?

    Q 민들레와 함께 생활하면서 호랑이는 어떻게 달라졌지?

❸ 삶으로 나눠요

- 다른 사람을 환영하며 자신의 것을 기쁘게 나누는 너그러운 성품에 대해 이야기를 나눕니다.

    Q 눈을 떠보니 호랑이 꼬리에 심어졌지만 다른 친구들에게 웃으며 인사하고 친구의 어려움에 적극적으로 나서는 민들레 같은 친구가 있다면 어떨 것 같아?

    Q 민들레처럼 너그러운 행동을 하는 것을 보거나 경험해 본 적이 있니?

    Q 우리 가족이 할 수 있는 너그러운 행동은 무엇일까?

이야기를 정리해요 ◆ 친구를 사귀고 싶지만 어떻게 대해야 하는지 잘 모르는 호랑이는 항상 친구들에게 무섭고 어려운 존재였단다. 하지만 어느 날 자신의 꼬리에 심겨진 민들레가 다른 친구들에게 너그럽게 대하는 모습을 보며 차근차근 민들레를 닮아가게 되지. 민들레가 가지고 있던 너그러운 마음은 결국 호랑이도 공동체 안에서 친구가 되게 하고 회복되게 했단다. 너그러운 마음은 서로를 돕게 하고, 사랑하게 하고, 더 나아가 누군가를 살리게도 하며, 서로의 관계를 회복시키는 놀라운 변화를 가져다주지. 마게도냐 교회의 너그러운 베풂의 마음이 고린도 교회에게도 전해지고, 그 마음을 닮아 더욱 하나님이 기뻐하시는 삶을 살게 될 것을 기대하는 바울의 권면을 우리도 잘 기억해서 상대방을 너그럽게 대하는 우리가 되도록 하자.

기도해요

하나님 아버지, 호랑이가 민들레의 삶을 통해 너그러움을 배웠던 것처럼, 우리도 예수님과 마게도냐 성도들의 너그러운 마음을 닮게 해주세요. 예수님의 이름으로 기도합니다. 아멘.

활동해요

❶ 호랑이가 기억하는 내 친구 민들레

1 민들레가 오기 전 호랑이의 삶은 어떠했는지 이야기를 나눕니다.
2 민들레에 대한 첫인상은 어떠했는지 이야기를 나눕니다.
3 민들레와 함께하며 민들레는 어떤 친구였는지 이야기를 나눕니다.
4 민들레에게 배우게 된 것은 무엇인지 이야기를 나눕니다.
5 민들레를 추억하며 지금은 어떻게 살고 있는지 이야기를 나눕니다.
• 위의 내용들을 인터뷰하듯이 영상을 찍거나 글과 그림으로 표현할 수 있습니다.

❷ 나(우리 가족)의 너그러움

1 가족들로부터 경험한 너그러움에 대해 감사를 표현합니다.
2 내(우리 가족)가 할 수 있는 너그러움에 대해 이야기를 나눕니다.
  예) 내가 먼저 인사하기 / 용서 구하기 / 청소하기
     도움을 요청하는 가족(친구) 돕기
     어떻게 말을 해야 하는지 모르는 가족(친구)을 대신해서 말하기

미/사/감 표현해요

예배를 드리고 난 후 서로에게 마음을 표현하며 꼬옥 안아 줍니다.
(~때문에) 미안해요 / 사랑해요 / 감사해요

44주차
관심

기도해요

우리 가정의 주인이신 하나님 아버지, 오늘 예배를 통해 관심의 의미를 알아 갈 수 있도록 인도해 주세요. 예수님의 이름으로 기도합니다. 아멘.

말씀을 읽어요

기뻐하는 사람들과 함께 기뻐하고, 우는 사람들과 함께 우십시오.

로마서 12:15, 새번역

말씀을 나눠요 ◆ 로마서 12장에는 그리스도인이 교회 안에서, 그리고 세상에서 어떻게 살아야 하는지 분명하게 나와 있단다. 오늘 본문은 기뻐하는 자의 기쁨과 슬퍼하는 자의 슬픔에 공감(남의 감정, 의견, 주장 따위에 대하여 자기도 그렇다고 느끼는 것)하라고 말하고 있어. 상대방에게 공감하기 전에 우선적으로 필요한 것은 관심이야. 다른 이들이 어떤 상황에 놓여 있는지, 그 상황으로 인해 어떤 마음을 품고 있는지를 자세히 살펴볼 필요가 있지. 그렇게 할 때 우리는 기뻐하는 자들과 함께 기뻐할 수 있고, 우는 사람들과 함께 진정으로 울어 줄 수 있게 된단다. 이 말씀을 기억하며 그림책을 읽어 보자.

> 그림책을 나눠요

위를 봐요!
정진호(글, 그림) • 은나팔(2014)

다리가 아픈 수지는 매일매일 베란다에 나가서 아래를 내려다봅니다. 수지는 앞만 보며 걸어 다니는 사람들의 검정 머리를 보면서 개미 같다고 생각합니다. 그리고 자신과 상관없이 다양하게 살아가는 사람들을 향해 "내가 여기에 있어요. 아무라도 좋으니… 위를 봐요!"라고 마음속으로 외칩니다. 한 아이가 고개를 들어 수지를 쳐다보고, 제대로 보이지 않을 것을 염려한 아이는 바닥에 눕습니다.

❶ **표지를 보며 추론해요**
- 책을 읽기 전, 표지를 먼저 보며 흥미를 이끄는 정도로 간단하게 이야기를 나눕니다.

  Q 표지그림 속의 사람들은 어떤 모습이지? 어디서 어떻게 바라보면 이런 모습을 볼 수 있을까?

❷ **그림책을 보며 생각을 나눠요**
- 한 아이의 관심(시선)이 가져다준 여러 변화에 대해 이야기를 나눕니다.

- 처음 위를 본 아이는 어떤 마음으로 위를 보게 된 걸까? 수지를 본 후 그 아이에게는 어떤 변화가 생겼을까?

- 수지를 봐 준 사람들을 통해 수지에게는 어떤 변화가 생겼을까?

- 바닥에 누웠던 사람들은 어떤 것을 알게 되고, 무엇을 느꼈을까?

❸ 삶으로 나눠요

• 앞만 보고 다니다가 다른 방향(위)을 보게 되면, 그동안 보지 못했던 것을 발견하게 됩니다. 보지 않고 살아가는 것이 익숙한 지금, 그동안 보지 못했던 것을 보려는 관심 어린 시선을 갖는 것에 대해 이야기를 나눕니다.

- 한 아이의 다른 시선이 어떤 변화를 가져왔지?

- 내가 보고 싶지 않은 것들이 있을까? 하나님이 우리가 보기 원하시는 것에는 무엇이 있을까?

이야기를 정리해요 ◆ 다리가 아픈 수지는 친구들과 함께 어울려서 놀고 싶었을 거야. 그러나 아무도 수지에게 관심을 갖지 않았지. 그러다 한 아이가 다른 시선으로 수지를 보게 되자 그때부터 많은 사람들이 수지를 보기 시작했어. 하나님께서 우는 자들과 함께 울고, 기뻐하는 자들과 함께 기뻐하라고 하신 것은 바로 수지 같은 이웃들에게 관심을 가지라고 하신 말씀이야. 서로가 서로를 사랑으로 돌아봄으로 친구의 아픔이 나의 아픔이 되고, 친구의 기쁨이 나의 기쁨이 되는 우리가 되었으면 해.

기도해요

하나님 아버지, 다른 이들이 어떤 상황에 놓여 있는지, 또 그 상황으로 인해 어떤 마음을 품고 살아가는지 관심을 기울이고, 그들에게 따뜻한 사랑을 나누어 주는 우리가 되게 해주세요. 예수님의 이름으로 기도합니다. 아멘.

활동해요

❶ 등장인물의 마음 읽기

1 수지, 수지를 발견한 아이, 바닥에 누운 아이를 발견한 아주머니 중 한 명을 선택합니다.
2 각각의 입장에서 이야기를 만듭니다.
3 수지의 경우, 위를 봐 달라고 간절히 소망했을 때, 위를 본 아이와의 만남의 순간, 그리고 잘 보이도록 바닥에 누운 아이를 보며 이야기 나눌 때 어떤 마음이었는지에 대해 이야기를 나눕니다.
4 수지를 발견한 아이의 경우, 어떻게 위를 보게 되었는지, 수지와의 대화가 어떠했는지, 바닥에 눕는 방법을 어떻게 생각했는지, 누워서 수지와 이야기를 할 때 어떠했는지, 사람들이 함께 눕는 것을 보면서 어떤 마음이었는지 이야기를 나눕니다.
5 아주머니의 경우, 누워 있는 아이를 발견했을 때의 느낌은 어떠했는지, 어른이 바닥에 눕는 것이 망설여지지는 않았는지, 누워서 수지를 보는 느낌은 어떠했는지 이야기를 나눕니다.

❷ '관심' 프로젝트

1 우리 가정이 '관심'을 가지고 살펴보아야 할 부분이 있는지 이야기를 나눕니다.
2 관심의 구체적인 계획을 세웁니다. 관심의 대상(사람, 환경, 동물 등 가족 모두가 함께 관심을 기울여 볼 것, 예: 최근에 출산한 가정), 관심의 내용(구체적으로 어떤 행동을 할 수 있는지), 관심의 기간 등에 대해 이야기를 나눕니다.
3 계획한 대로 실천하며 그 과정을 함께 공유합니다.

미/사/감 표현해요

예배를 드리고 난 후 서로에게 마음을 표현하며 꼬옥 안아 줍니다.
(~때문에) 미안해요 / 사랑해요 / 감사해요

45주차 배려

기도해요

우리 가정의 주인이신 하나님 아버지, 오늘 예배를 통해 배려의 마음을 품을 수 있도록 인도해 주세요. 예수님의 이름으로 기도합니다. 아멘.

말씀을 읽어요

그러므로 나의 형제자매 여러분, 여러분이 먹으려고 모일 때에는 서로 기다리십시오. 배가 고픈 사람은 집에서 먹어야 할 것입니다. 그것은, 여러분이 모이는 일로 심판받는 일이 없도록 하려는 것입니다. 그 밖에 남은 문제들은 내가 가서 바로잡겠습니다. 고린도전서 11:33-34, 새번역

말씀을 나눠요

◆ 고린도 교회에는 성찬식과 관련한 몇 가지 문제가 있었어. 그 중 하나가 성찬식 전의 식사모임이었지. 고린도 교회에는 유대인과 이방인, 가난한 자와 부자, 종과 주인 등 다양한 사람들이 모여 있었는데, 부자들은 늦게까지 일하고 오는 가난한 자들을 생각하지 않고 자기의 배고픔만 생각하여 준비한 음식을 먼저 먹고 마셨어. 즉, 가난한 자들을 배려하지 않고 그들의 필요를 외면했던 거야. 이 모습을 본 사도 바울은 배가 고픈 사람은 집에서 미리 식사를 하고 와서 모두 함께 기쁨의 식사, 감사의 성찬을 해야 한다고 실제적인 해결책을 제시해 주었단다. 이 말씀을 기억하며 그림책을 읽어 보자.

| 그림책을 나눠요 |

친구에게 주는 선물
후쿠자와 유미코(글, 그림) • 한림(2004)

큰 곰과 겨울잠쥐는 숲속에서 가장 친한 단짝 친구입니다. 어느 날 이들의 우편함에 겨울을 준비하는 가게가 문을 연다는 편지가 도착합니다. 가게로 간 둘은 단숨에 물건을 고릅니다. 겨울잠쥐는 곰을 위한 커다란 스웨터를, 곰은 겨울잠쥐에게 어울리는 예쁜 빨간 조끼를 사 주기 위해 부지런히 도토리를 모읍니다.

❶ **표지를 보며 추론해요**

- 책을 읽기 전, 표지를 먼저 보며 흥미를 이끄는 정도로 간단하게 이야기를 나눕니다.

    Q 친구에게 선물을 준 적이 있니? 어떤 마음이었어? 어떤 선물을 주고 싶어?

    Q 그림을 보면 누가 누구에게 선물을 주는 것 같아? 어떤 선물을 주는 것 같아?

❷ 그림책을 보며 생각을 나눠요

- 겨울잠쥐와 곰이 서로를 도와주고 보살펴 주는 모습에 대해 이야기를 나눕니다.

   Q 겨울잠쥐와 곰이 자신을 위한 물건을 사지 않고 친구를 위한 물건을 사려고 하는 이유는 무엇일까?

   Q 겨울잠쥐가 곰에게 도토리를 양보하는 이유는 무엇일까? 삼나무에서 도토리를 떨어트린 이유는 무엇일까?

❸ 삶으로 나눠요

- 그림책에는 다른 사람의 필요를 생각하고 그것을 채워 주기 위해 노력하는 모습이 다양하게 나타납니다. 겨울잠쥐와 곰의 적극적인 모습도, 기다려 달라고 말하는 숲속 친구들의 모습도 모두 서로를 도와주고 보살펴 주는 배려를 담고 있습니다.

   Q 동물들이 서로를 도와주고 보살펴 주는 모습에는 어떤 것이 있었니?

   Q 우리 가족이 서로를 도와주고 보살펴 주는 모습에는 어떤 것이 있을까?

이야기를 정리해요 ◆ 곰과 겨울잠쥐는 배려하는 마음으로 서로의 것을 채워 주려 했어. 자신이 필요한 것을 사기보다 친구의 필요함을 먼저 보고 사 주려 하고, 도토리가 하나 남았을 때에도 상대방이 모르게 양보를 했지. 다른 동물들은 곰과 겨울잠쥐에게 필요했던 물건을 팔지 말라며 다람쥐에게 부탁도 했어. 이처럼 누군가를 배려하는 마음은 나뿐만 아니라 우리 모두가 행복해지는 좋은 마음이란다. 바울도 고린도 교인들에게 가난한 자들의 입장을 먼저 생각하고 그들을 배려함으로 모두가 함께 기쁨의 성찬식이 될 수 있도록 하자고 이야기했어. 우리도 자신을 먼저 생각하기보다는 친구들과 이웃을 먼저 생각하는 배려의 마음을 갖도록 노력하자.

기도해요

하나님 아버지, 곰과 겨울잠쥐가 서로의 필요를 생각하고 그것을 채워 주기 위해 노력했듯이, 우리도 주변 사람들을 보살피고 배려하는 마음을 갖게 해 주세요. 예수님의 이름으로 기도합니다. 아멘.

활동해요

❶ 가족의 날 정하기

1. 가족을 위해서 수고하는 사람, 격려가 필요한 사람은 누구인지 이야기를 나눕니다.
2. 당사자가 원하는 날을 'OO의 날'로 정합니다. (예: 10일은 엄마의 날)
3. 'OO의 날'에 주인공에게 해주고 싶은 것은 무엇인지, 주인공이 받고 싶은 것은 무엇인지 이야기를 나눕니다.
4. 'OO의 날' 아침에 오늘은 'OO의 날'임을 이야기하며 하루 동안 계획한 내용을 실천합니다.
5. 'OO의 날' 저녁에 'OO의 날'로 지킨 소감을 나눕니다.

❷ 겨울을 준비하는 가게에서 쇼핑하기

1. 우리 가족이 겨울을 준비하는 가게에 갔다면 어떤 쇼핑을 했을지 이야기를 나눕니다.
2. 가족 구성원 한 사람당 필요한 물건(행동)은 무엇인지 이야기를 나눕니다. 이때 단순히 눈에 보이거나 원하는 것이 아닌, 그 사람을 위한 것이 무엇인지 생각할 수 있도록 합니다.
3. 필요한 물건(행동)을 위해 가족들이 어떻게 할 수 있는지 계획하며 실행합니다.

미/사/감 표현해요

예배를 드리고 난 후 서로에게 마음을 표현하며 꼬옥 안아 줍니다.
(~때문에) **미안해요 / 사랑해요 / 감사해요**

46주차
용기

기도해요

우리 가정의 주인이신 하나님 아버지, 오늘 예배를 통해 진정한 용기의 마음을 품을 수 있도록 인도해 주세요. 예수님의 이름으로 기도합니다. 아멘.

말씀을 읽어요

내가 비록 죽음의 그늘 골짜기로 다닐지라도, 주님께서 나와 함께 계시고, 주님의 막대기와 지팡이로 나를 보살펴 주시니, 내게는 두려움이 없습니다. 시편 23:4, 새번역

말씀을 나눠요 ◆ 하나님은 우리를 푸른 풀밭, 쉴 만한 물가로 인도해 주시며 평온한 삶을 살게 해주시지만, 때로 우리는 죽음의 그늘 골짜기와 같은 곳으로 다닐 수도 있어. 그럼에도 불구하고 우리가 두려워하거나 움츠러들지 않을 수 있는 이유는 하나님께서 우리와 함께하신다고 약속하셨기 때문이야. 맹수들이 공격하면 목자가 지팡이와 막대기로 양을 지켜 주듯이, 하나님은 수많은 위험과 어려움으로부터 우리를 건져내 주신단다. 따라서 우리는 두려움 없는 용기를 가지고 믿음으로 걸어가기만 하면 되는 거야. 그렇게 할 때 하나님은 우리에게 피할 길을 주시고, 마음에 평안함을 주실 거야. 이 말씀을 기억하며 그림책을 읽어 보자.

그림책을 나눠요

용감한 아이린
윌리엄 스타이그(글, 그림) • 비룡소(2017)

아이린은 아픈 엄마를 대신해 공작부인의 무도회 드레스를 전달하기 위해 눈 오는 날 길을 떠납니다. 눈은 발목까지 덮였고 바람은 심해 몸이 흔들릴 정도 입니다. 결국 바람이 옷상자를 덮치고 드레스는 날아갑니다. 심지어 아이린은 구덩이에 빠져 발목까지 삐고 맙니다. 금세 어둠이 덮쳐왔지만 아이린은 빈 상 자를 들고 아픈 발을 끌며 계속 걷습니다. 절벽으로 떨어져 얼어 죽을 것 같은 순간에도 다시 발버둥을 치며 빠져나와 무사히 저택에 도착합니다. 다행히 엄 마의 드레스는 나무에 걸려 있었고 아이린은 무사히 옷을 전할 수 있었습니다.

❶ 표지를 보며 추론해요

- 책을 읽기 전, 표지를 먼저 보며 흥미를 이끄는 정도로 간단하게 이야기 를 나눕니다.

  Q 아이린은 무엇을 하고 있는 것 같니?

  Q 아이린에게 필요한 용기는 무엇이었을까?

❷ **그림책을 보며 생각을 나눠요**

- 아이린이 낙심하고 포기하고 싶었던 순간과 그것을 이겨낼 수 있었던 힘에 대해서 이야기를 나눕니다.

    🅠 바람에 몸이 흔들릴 때 옷상자를 들고 가는 건 너무나 힘든 일이야. 이때 아이린의 마음은 어떠했을까? 포기하지 않은 이유는 무엇일까?

    🅠 가져다줄 드레스마저 없어졌을 때 아이린은 어떤 마음이었을까? 할 수 있다고 생각한 일이 망쳐졌을 때 어떤 마음일까?

    🅠 눈 속에 파묻혀 얼어 죽을 수 있겠다고 생각한 순간 아이린이 힘을 낼 수 있었던 이유는 무엇일까?

❸ **삶으로 나눠요**

- 젖은 드레스를 가져온 아이린을 환영하며 이야기를 들어주고 문제를 해결해 주는 어른들(공동체)이 있다는 것을 알면 용기를 낼 수 있습니다. 아이들이 용기를 낼 수 있는 것은 하나님의 보호하심을 믿고 지지해 주는 공동체가 있을 때 가능합니다.

    🅠 아이린의 용기를 낸 이유는 무엇이었을까?

    🅠 용기 내기가 어려운 이유는 무엇일까?

    🅠 하나님이 우리를 보호하신다는 것을 믿는 삶은 무엇이 다를까?

이야기를 정리해요 ◆ 엄마를 생각하며 눈보라와 어두컴컴한 산을 넘은 아이린은 용기를 내어 결국 공작부인에게 드레스를 가져다줄 수 있었어. 우리도 살아가면서 아이린과 같은 용기가 필요한 시간이 올 거야. 아이린은 엄마를 생각하며 용기를 내었지만, 우리는 죽음의 그늘 골짜기에 다닐지라도 하나님이 우리와 함께하겠다고 약속하신 사실을 믿으면서 용기를 낼 수 있어. 하나님은 우리와 함께하실 뿐만 아니라 지팡이와 막대기로 우리를 보호해 주겠다고 하셨어. 정말 감사한 일이지? 어려운 순간이 올 때마다 두려워하지 말고 우리와 함께하시는 하나님을 생각하며 용기를 내도록 하자.

> **기도해요**

하나님 아버지, 우리에게 닥쳐오는 수많은 위험과 어려움 속에서도 슬퍼하거나 포기하지 말고, 언제나 함께하겠다고 약속하신 하나님을 의지하며 용기를 내는 우리가 되게 해주세요. 예수님의 이름으로 기도합니다. 아멘.

> **활동해요**

❶ 용기재료 만들기

> **준비물** 종이, 채색도구

1. 낙심하고 실망할 때 용기를 낼 수 있는 이유에 대해서 이야기를 나눕니다.
   (예: 실패해도 괜찮다는 마음, 상대방을 사랑하는 마음, 새로운 것에 도전해 보고 싶은 마음 등)
2. 용기 재료들을 종이에 글과 그림으로 표현합니다.
3. 가족들에게 있는 용기 재료들을 서로 나눕니다.

❷ 용기 이름 짓기

> **준비물** 종이, 채색도구

1. 일상에서 용기가 필요한 다양한 상황을 글과 그림으로 표현합니다.
   (예: 다이빙하기, 새로운 음식 먹어 보기, 사람들 앞에서 발표하기, 먼저 사과하기, 먼저 말 걸기, 망친 것 다시 시작하기, 창피한 일 솔직히 말하기)
2. 표현한 용기에 이름을 지어 줍니다.

미/사/감 표현해요

예배를 드리고 난 후 서로에게 마음을 표현하며 꼬옥 안아 줍니다.
(~때문에) **미안해요** / **사랑해요** / **감사해요**

47주차 감사

기도해요

우리 가정의 주인이신 하나님 아버지, 오늘 예배를 통해 감사의 의미를 깨달을 수 있도록 인도해 주세요. 예수님의 이름으로 기도합니다. 아멘.

말씀을 읽어요

모든 일에 감사하십시오. 이것이 그리스도 예수 안에서 여러분에게 바라시는 하나님의 뜻입니다. 데살로니가전서 5:18, 새번역

말씀을 나눠요 ◆

탈무드는 세상에서 가장 행복한 사람은 모든 일에 감사하는 사람이라고 말하고 있단다. 사도 바울 역시 데살로니가 교회 성도들에게 모든 일에 하나님께 감사하라고 권면하고 있지. 하지만 모든 일에 감사하는 것이 말처럼 쉬울까? 특히 데살로니가 교회 성도들은 믿음을 지킨다는 이유로 핍박을 받고 있었는데 말이지. 우리가 감사하기 어려운 이유는 내 관점에서 상황을 바라보기 때문이야. 반대로 하나님을 절대적으로 신뢰하고, 하나님의 관점으로 바라볼 때 우리는 모든 일에 감사할 수 있게 된단다.

그림책을 나눠요

행복은 어디에나 있어
브루스 핸디(글), 염혜원(그림) • 주니어RHK(2022)

하루를 시작하는 순간부터 하루 동안 경험할 수 있는 다양한 행복의 순간을 보여 줍니다. 걱정스러운 순간이 함께하는 행복이 되고, 부끄러웠던 것이 자랑스러움을 느끼게 해주며, 나의 것으로 가르는 것보다 우리의 것이 될 때의 행복 등을 보여 줍니다. 고요함과 날아감의 행복, 아침의 느긋함과 오후의 따사로움, 잠 속에서 맞이하는 신비함의 행복도 있음을 보여 줍니다.

❶ **표지를 보며 추론해요**
- 책을 읽기 전, 표지를 먼저 보며 흥미를 이끄는 정도로 간단하게 이야기를 나눕니다.

  🔍 아이의 기분이 어때 보여?

  🔍 아이의 행복은 어디에 있을까?

❷ **그림책을 보며 생각을 나눠요**
- 걱정스럽고 두려웠던 순간을 지나서 오는 행복에 대해 이야기를 나눕니다.

> 🅠 처음 친구를 사귈 때 걱정스러운 마음이 있었니? 함께 놀 수 있는 친구가 있다는 것이 어떻지?
>
> 🅠 다이빙대에서 두려워하는 아이처럼 두려웠지만 하고 나니 행복했던 일이 있었었니?

- 온전히 행복하다고 느껴지는 순간에 대해 이야기를 나눕니다.

> 🅠 고요한 순간과 날아가는 행복을 느끼는 새처럼 행복감을 느끼던 순간이 있었니?
>
> 🅠 아침의 느긋함과 오후의 따사로움을 느끼는 고양이처럼 행복감을 느끼던 때가 있었니?

❸ 삶으로 나눠요

- 항상 감사할 수 있는 마음은 모든 일에 선하게 일하시는 하나님을 믿는 마음과 작은 일에 경탄할 수 있는 감수성이 필요합니다. 머리로 하는 감사가 아닌 마음으로 충분히 느끼는 감사 나눔이 되도록 합니다.

> 🅠 오늘 행복했던 순간, 감사했던 일들이 있었니?
>
> 🅠 행복하다고 느낄 때 하나님께 감사하게 되지. 행복함을 느낄 수 있고, 하나님께 감사할 수 있는 마음은 무엇으로부터 오는 걸까?

이야기를 정리해요 ◆ 하루를 시작하는 순간부터 우리는 많은 일들을 선택하고 경험하게 된단다. 오늘 그림책에 나오는 아이들은 어려운 순간을 맞이할 때도 있었지만 그 안에 행복도 있음을 발견해 낼 수 있었지. 하나님은 우리에게 모든 일에 감사하라고 하셨어. 힘들어도 슬퍼도 감사하라는 것이 아니라, 그 어려움 안에서도 모든 일에 선하게 일하시는 하나님을 믿고 신뢰한다면 감사한 일을 분명 찾아낼 수 있을 거라고 말씀하시는 거란다. 어떤 일들을 만났을 때 하나님을 믿고 신뢰함으로 항상 감사하는 우리 가족이 되도록 하자.

기도해요

우리의 삶을 인도해 주시는 하나님 아버지, 평범한 일상 속에서도 감사와 행복을 찾아낼 수 있는 우리가 되게 해주세요. 예수님의 이름으로 기도합니다. 아멘.

활동해요

❶ 우리 가족 행복 사전

1. 우리 가족이 행복했던 순간, 사건들에 대해 이야기를 나눕니다. 괴로웠던 순간을 지나 느꼈던 행복(배고팠다가 음식을 맛있게 먹었던 일), 온전히 느껴지던 행복(찬양하는 순간, 잠자는 아이의 모습을 볼 때)에 대해 이야기할 수 있습니다.
2. 이야기 나눈 것에 '~한 행복' 식으로 이름을 짓고 글과 그림(사진)으로 표현합니다.
   (예: 해수욕장에서 함께했던 행복, 찬양하는 순간의 행복 등)
3. 우리 가족에게 행복을 느끼게 해주신 하나님을 찬양합니다.

❷ 감사 목록

1. 오늘, 이번 주, 또는 이번 달에 있었던 감사리스트를 작성합니다.
2. 가장 긴 감사, 가장 독특한 감사, 생각지도 못한 감사 등 재미있는 감사상을 만들어 수상합니다.

미/사/감 표현해요

예배를 드리고 난 후 서로에게 마음을 표현하며 꼬옥 안아 줍니다.
(~때문에) **미안해요** / **사랑해요** / **감사해요**

48주차 약속

기도해요

우리 가정의 주인이신 하나님 아버지, 오늘 예배를 통해 하나님의 약속이 무엇인지 알아갈 수 있도록 인도해 주세요. 예수님의 이름으로 기도합니다. 아멘.

말씀을 읽어요

"주님의 영이 내게 내리셨다. 주님께서 내게 기름을 부으셔서, 가난한 사람에게 기쁜 소식을 전하게 하셨다. 주님께서 나를 보내셔서, 포로 된 사람들에게 해방을 선포하고, 눈먼 사람들에게 눈 뜸을 선포하고, 억눌린 사람들을 풀어 주고, 주님의 은혜의 해를 선포하게 하셨다." 누가복음 4:18-19, 새번역

말씀을 나눠요 ◆ 구약 시대 때 바벨론에 포로로 잡혀갔던 이스라엘 백성들은 결국 예루살렘에 돌아오게 되었지만 황폐한 땅을 바라보며 절망했어. 그때 하나님은 선지자 이사야를 통해 곧 메시야(구원자)가 와서 모든 이들에게 자유와 회복을 줄 것이라는 위로와 약속의 말씀을 선포하셨지. 오늘 말씀에서 예수님은 고향 나사렛에서 안식일에 회당에 들어가 선지자 이사야의 글이 기록된 두루마리를 손에 들고 읽으셨어. 그리고 이사야가 예언한 메시야가 바로 자신임을 선포하셨어. 우리를 자유롭게 하고 회복시키기 위해 이 땅에 오신 예수님은 구약의 약속을 이루셨단다. 이 말씀을 기억하며 그림책을 읽어 보자.

> 그림책을 나눠요

행복을 나르는 버스
맷 데 라 페냐(글), 크리스티안 로빈슨(그림) • 비룡소(2016)

시제이는 예배 후에 버스를 타고 마지막 정류장에 있는 무료급식소에 배식 봉사를 하러 갑니다. 시제이는 왜 자동차 없이 버스를 타고 가야 하는지, 친구들은 가지 않는 무료급식소에 자신은 왜 가야 하는지, 왜 앞을 못 보는 사람들이 있는지, 왜 멋진 기계로 음악을 들을 수 없는지, 무료급식소로 가는 거리는 왜 항상 지저분한지 궁금합니다. 그럴 때마다 할머니는 생각도 못한 곳에서 아름다운 것을 찾아내어 얘기해 줍니다. 무엇보다 생의 가장 마지막 정류장 같은 곳에서 살아가는 사람들과의 식사 자리가 주는 행복을 전해 줍니다.

❶ 표지를 보며 추론해요

- 책을 읽기 전, 표지를 먼저 보며 흥미를 이끄는 정도로 간단하게 이야기를 나눕니다.

  Q 행복은 무엇일까? '행복' 하면 무엇이 떠오르니?

  Q '행복을 나르는 버스'는 어떤 버스일까?

❷ 그림책을 보며 생각을 나눠요

- 생각지도 못한 곳에도 아름다움이 있다는 사실을 기억하며 아름다움을 찾아낼 수 있는 안목에 대해 이야기를 나눕니다.

  > 누군가에게는 불편할지도 모르지만 다른 누군가에게는 꼭 필요한 것은 무엇일까? 나에게는 불편하지만 누군가에게 꼭 필요하다면 어떻게 할 거야?

  > 시제이가 들었던 음악은 어떤 음악이었을까? 시제이가 경험한 음악의 아름다움은 어떠했어?

❸ 삶으로 나눠요

- 생각지도 못한 곳에서 아름다움을 찾으려면 하나님의 마음으로 세상을 바라보아야 합니다. 하나님의 마음으로 세상을 본다는 것은 정의와 공의와 깊은 사랑으로 바라보는 것을 의미합니다.

  > 할머니는 어떻게 생각지도 못한 곳에서 아름다움을 찾을 수 있었을까?

  > 다른 사람들은 잘 모르지만 나만 아는 아름다운 것들이 있니? 우리 가족이나 친구들에 대해서 나만 알고 있는 아름다움이 있을까?

이야기를 정리해요 ◆ 하나님은 죄악에 빠진 이스라엘 백성들을 심판하셨지만, 여전히 사랑하시어 회복을 약속하셨어. 포로에서 귀환한 이후 참담하고 힘든 나날을 보냈던 이스라엘 백성에게 하나님의 약속의 말씀은 또 다른 세상을 볼 수 있는 소망이 되고 힘이 되었단다. 오늘 그림책에서 할머니와 시제이는 마지막 정류장까지 가는 동안 이웃의 가난, 이웃의 어려움을 보며 이야기를 나누었어. 할머니의 또 다른 시각을 통해 세상의 아름다움을 알게 된 시제이는 우리가 보고 있는 세상이 전부가 아니라, 또 다른 소망이 있음을 알게 되었지. 마찬가지로 하나님의 약속의 말씀은 지금의 상황에서 좌절하지 않고 새로운 희망을 볼 수 있는 마음을 준단다.

기도해요

하나님 아버지, 하나님의 약속의 말씀을 의지함으로 힘들고 어려운 상황에서도 슬퍼하지 않고 희망을 볼 수 있는 눈을 갖게 해주세요. 예수님의 이름으로 기도합니다. 아멘.

활동해요

❶ 세상의 숨은 아름다움 찾기

1. 남들은 모르고 나만 아는 (혹은 소수의 사람만 아는) 아름다움에 대해 생각해 봅니다.
2. 숨은 아름다움을 가족들에게 다양한 방법으로 표현해 보고(말, 글, 그림, 몸짓 등), 다른 가족들은 그것을 보며 어떤 아름다움인지 알아맞힙니다. 표현하고 알아맞히는 과정에서 그 아름다움을 좀 더 구체적으로 표현함으로 모두가 그 아름다움에 젖어 보도록 합니다.

❷ '주님의 은혜의 해' 상상하기

준비물 종이, 채색도구

1. '주님의 은혜의 해'에 대해 구체적으로 상상해 봅니다. 예수님이 다시 오실 것을 상상하며 예수님의 만찬 자리를 상상할 수 있습니다.
2. 누가 초대될지, 어떤 시간이 될지 구체적으로 상상하며 글과 그림으로 표현합니다.

미/사/감 표현해요

예배를 드리고 난 후 서로에게 마음을 표현하며 꼬옥 안아 줍니다.
(~때문에) **미안해요 / 사랑해요 / 감사해요**

49주차
참 평화

기도해요

우리 가정의 주인이신 하나님 아버지, 오늘 말씀을 통해 평화의 왕으로 오신 예수님의 마음과 사랑을 알아갈 수 있도록 인도해 주세요. 예수님의 이름으로 기도합니다. 아멘.

말씀을 읽어요

"더없이 높은 곳에서는 하나님께 영광이요, 땅에서는 주님께서 좋아하시는 사람들에게 평화로다." 누가복음 2:14, 새번역

말씀을 나눠요 ◆

베들레헴에서 아기 예수님이 태어나시던 날 밤, 그 지역 목자들이 들에서 양떼를 지키고 있었단다. 그때 천사가 나타나 목자들에게 예수님의 탄생 소식을 전했어. 그리고 수많은 천사들이 예수님의 탄생을 가리켜 "하나님께 영광이요, 땅에서는 주님께서 좋아하시는 사람들에게 평화로다"라고 찬양을 불렀지. 예수님은 하나님과 인간 사이에 죄악으로 막힌 담을 허무시고 화목하게 해주심으로 하나님과 평화를 이룰 수 있게 해주셨어. 그뿐만 아니라 사람과 사람 사이에서도 평화를 이루게 하셨지. 예수님이 이 땅에 오심으로 우리는 하나님과 사람들 관계에서 평화를 얻게 되었단다.

그림책을 나눠요

크리스마스 휴전
존 패트릭 루이스(글), 게리 켈리(그림) • 사계절(2012)

1914년 신병 모집 포스터를 바라보던 오웬 데이비스는 9월 서부전선에 도착합니다. 진흙으로 된 참호 속에서 독일군과 대치하던 중에 크리스마스이브를 맞이합니다. 독일군에서 나무를 세우고 촛불을 밝히더니 캐럴이 들려옵니다. 노래 소리에 용기를 얻어 오웬도 캐럴을 부릅니다. 참호를 나와 마주한 병사들은 서로가 전쟁에 서툰 애송이 군인이라는 것을 알고 이야기를 나누며 음식을 함께 먹고 축구도 합니다. 날이 밝고 크리스마스 휴전은 끝이 납니다.

❶ **표지를 보며 추론해요**
- 책을 읽기 전, 표지를 먼저 보며 흥미를 이끄는 정도로 간단하게 이야기를 나눕니다.

  Q 전쟁터는 어떤 곳일까?

  Q 두 병사가 서로를 바라보고 있어. 입김이 하나가 되었지. 어떤 눈빛으로 서로를 바라보며 무슨 이야기를 했을까?

❷ **그림책을 보며 생각을 나눠요**
- 실화라는 사실을 알려 줍니다. 전쟁터의 삶이 어떠했을지 이야기하며 하룻밤의 휴전이 주는 분위기를 생생하게 전달합니다.

    > 평화라고는 찾아볼 수 없는 전쟁터에서 크리스마스 캐럴이 들렸을 때 어떤 느낌이었을까?

    > 독일군과 영국군이 만나 어떤 이야기를 했을까? 축구를 같이 할 때 어떠했을까?

❸ **삶으로 나눠요**
- 크리스마스 캐럴을 통해 막힌 담을 무너트리는 평화의 예수님을 경험한 사람들의 삶은 어떻게 변했을지 상상하며 이야기를 나눕니다.

    > 오웬이 마지막으로 꾸었던 꿈을 이룰 수 있는 방법은 무엇일까?

    > 우리에게 오신 평화의 예수님은 전쟁터에서도 평화를 주실 수 있는 분이야. 그런 예수님을 아는 우리의 삶은 무엇이 달라야 할까?

이야기를 정리해요 ◆ 총을 겨누던 군인들이 크리스마스의 기적을 통해 하나가 되었던 이 일은 실제로 일어났던 사건이란다. 예수님은 이 땅에 오셔서 전쟁을 그치게 하는 기적도 만드셨지만, 하나님과 인간 사이의 죄악으로 막힌 담을 허무시고, 우리를 하나님과 화목케 하는 참 평화를 이루기도 하셨지. 독일군의 캐럴 소리에 오웬은 노래로 화답했고, 다가오는 독일군에게 영국군 역시 손을 내밀며 전쟁 가운데 평화를 이룰 수 있었어. 이들에게 예수님이 오신 크리스마스는 서로에게 총부리를 겨누는 죽음의 순간이 아닌, 함께 서로 얼굴을 마주 대하는 평화를 이룰 수 있는 시간이었단다. 우리에게도 예수님은 이러한 분이셔. 예수님의 뜻에 따라 미워하거나 다투지 말고, 참 평화 되신 예수님의 삶을 본받아 이 땅에 평화를 이루기 위해 노력하는 우리가 되도록 하자.

기도해요

전쟁터에서도 크리스마스의 평화를 주셨던 하나님 아버지, 우리 삶에도 그 평화를 이루어가게 해주시고, 그 평화를 전하며 살게 해주세요. 예수님의 이름으로 기도합니다. 아멘.

활동해요

❶ 내(우리 가족)가 좋아하는 크리스마스 캐럴

1. 내가 좋아하는 크리스마스 캐럴이 있는지 나눕니다.
2. 가족들끼리 좋아하는 캐럴을 함께 부릅니다.
3. 캐럴을 부를 때 어떤 기분이 되는지 나눕니다.

❷ 독일군의 입장에서 이야기하기

1. 독일군의 입장에서 이야기를 전하여 봅니다.
2. 크리스마스트리를 만들고 처음 캐럴을 부른 사람은 어떤 마음으로 부르게 되었는지 이야기합니다.
3. 자신들의 노래에 화답하듯이 캐럴을 부르는 영국군을 보며 어떤 마음이었는지 이야기합니다.
4. '쏘지 마라. 우리도 쏘지 않겠다'라는 깃발을 들고 금지된 땅으로 걸어 나왔던 때의 마음은 어떠했는지 이야기합니다.
5. 영국군이 똑같이 다가갔을 때 어떤 마음이었으며, 영국군인과 어떤 대화를 나누었을지 이야기합니다.
6. 영국군과 함께하는 크리스마스에서 새롭게 알고 깨달은 것은 무엇인지 이야기합니다.

미/사/감 표현해요

예배를 드리고 난 후 서로에게 마음을 표현하며 꼬옥 안아 줍니다.
(~때문에) **미안해요** / **사랑해요** / **감사해요**

기도해요

우리 가정의 주인이신 하나님 아버지, 오늘 예배를 통해 하나님 나라의 의미를 깨달을 수 있도록 인도해 주세요. 예수님의 이름으로 기도합니다. 아멘.

말씀을 읽어요

이와 같이, 너희 빛을 사람에게 비추어서, 그들이 너희의 착한 행실을 보고, 하늘에 계신 너희 아버지께 영광을 돌리게 하여라. 마태복음 5:16, 새번역

말씀을 나눠요 ◆ 예수님은 제자들에게 너희는 소금이며 빛이라고 말씀하셨어. 소금이 짠 맛을 내고 빛이 어두움을 밝게 비추는 것처럼, 예수님의 제자들은 세상의 어두움에 동화되어 빛을 잃어버리지 말고 그리스도인의 정체성을 가지고 살아가야 한다는 뜻이지. 비록 예수님을 믿어 박해를 받을지라도, 믿음이 없는 것처럼 숨어 지내지 말고 오히려 예수님의 제자임을 드러내야 한단다. 등불은 등잔걸이 위에 있어야만 사람들에게 빛을 비출 수 있는 것처럼 말이야. 다시 말해 예수님의 제자인 우리는 믿음의 선한 행동과 말로 하나님의 영광을 드러내는 삶을 살아야 해. 이 말씀을 기억하며 그림책을 읽어 보자.

| 그림책을 나눠요 |

메리 크리스마스, 늑대 아저씨!
미야니시 다쓰야(글, 그림) • 시공주니어(2002)

크리스마스에는 신기한 일이 생길 거라고 노래를 부르면서 트리와 화환을 장식하는 아기 돼지 열두 마리와 그 모습을 훔쳐보며 돼지들을 잡아먹으려 하는 배고픈 늑대가 있었습니다. 늑대는 트리와 화환을 망가뜨리고 돼지들을 잡는 데까지는 성공하지만, 쓰러진 화환에 걸려 다치고 맙니다. 정신을 차린 늑대는 온몸이 아프고 입에는 붕대가 친친 감겨 있습니다. 늑대는 침대에 누워서도 돼지들을 잡아먹겠다고 으르렁대지만 돼지들은 늑대의 소리를 "미안하다, 고맙다, 창피하다"라는 식으로 해석하며 늑대를 위로합니다. 크리스마스 아침, 늑대는 가고 없었지만 화환과 트리는 말끔하게 고쳐져 있었습니다.

❶ **표지를 보며 추론해요**
- 책을 읽기 전, 표지를 먼저 보며 흥미를 이끄는 정도로 간단하게 이야기를 나눕니다.

  Q 표지의 늑대는 어떤 늑대인 것 같아?

  Q 누가 늑대에게 "메리 크리스마스, 늑대 아저씨!"라고 말하는 것 같아?

❷ **그림책을 보며 생각을 나눠요**
- 돼지들의 말과 행동을 보고 들으며 늑대의 마음은 어떻게 변화되었는지 이야기를 나눕니다.

    Q 늑대는 "크리스마스에는 상냥한 마음이 가득가득하다"라는 노래 가사를 비웃었어. 왜 그랬을까?

    Q 화환과 트리를 망가트리고 돼지들을 잡아먹으려고 했던 자신을 치료해 주고 위로해 주는 돼지들을 보면서 늑대는 어떤 마음이었을까?

❸ **삶으로 나눠요**
- 돼지들이 늑대의 웅얼거림을 "미안하다, 고맙다, 아프다"라고 해석한 것은 자신들이라면 그러한 마음일 것이라는 생각을 가졌기 때문입니다. 믿음의 선한 말과 행동으로 악과 폭력을 이기며 하나님께 영광을 돌리는 삶에 대해 이야기를 나눕니다.

    Q 돼지들에게 이번 크리스마스는 어떻게 기억될까?

    Q 선으로 악을 이기기 위해서 우리는 어떻게 해야 할까?

이야기를 정리해요 ◆ 자신을 잡아먹으려고 했던 늑대의 마음을 바뀌게 한 것은 아마도 돼지들의 착한 마음이었을 거야. 예수님도 우리를 향해 빛 된 존재라고 이야기하시며 착한 행실로 다른 이들이 하나님께 영광을 돌릴 수 있도록 하라고 말씀하셨지. 우리 삶을 통해 다른 이들이 나쁜 마음을 돌이키고, 서로를 용서하고, 화해할 수 있다면 얼마나 좋을까? 돼지들의 착한 마음이 결국 자신의 목숨도 구하고 늑대의 마음도 변화시킨 것처럼 말이야. 우리도 선한 마음과 행실로 다른 이들을 변하게 함으로 하나님께 영광 돌리는 삶을 살 수 있도록 노력하자.

기도해요

하나님 아버지, 돼지들의 착한 마음을 통해 늑대의 마음이 바뀌었듯이, 예수님의 제자인 우리도 믿음의 선한 행동과 말로 하나님의 나라를 세워 가게 해 주세요. 예수님의 이름으로 기도합니다. 아멘.

활동해요

❶ '늑대의 마음' 만화 그리기

준비물 종이(5컷 만화용), 채색도구

1. 늑대 아저씨의 마음을 5컷 만화로 표현합니다.
   - 1 – 아기 돼지를 잡아먹겠다고 생각하고 돼지를 잡는 늑대의 마음
   - 2 – 입이 붕대에 친친 감겨 있는 상태에서 자신의 말을 다르게 해석하는 돼지들을 보는 늑대의 마음
   - 3 – 선물과 함께 "메리 크리스마스!"라고 인사하는 돼지를 보는 늑대의 마음
   - 4 – 화환을 고치고 열두 그루의 트리를 만드는 늑대의 마음
   - 5 – 돼지들의 노래를 들으며 "메리 크리스마스!" 인사를 전하는 늑대의 마음

❷ 크리스마스에는 상냥한 마음이 가득가득

1. 돼지들의 노래가사에 어울리는 멜로디를 만듭니다.
2. 화환과 트리를 만들면서 부를 때, 늑대의 선물을 발견하고 부를 때, 늑대가 부를 때를 각각 다른 느낌으로 부를 수 있습니다.
3. 가족들이 함께 노래를 부릅니다.
4. 집에 있는 악기를 이용하여 리듬을 넣으며 노래를 부릅니다.

미/사/감 표현해요

예배를 드리고 난 후 서로에게 마음을 표현하며 꼬옥 안아 줍니다.
(~때문에) **미안해요** / **사랑해요** / **감사해요**

51주차
선물

기도해요

우리 가정의 주인이신 하나님 아버지, 오늘 예배를 통해 성탄절의 의미를 깨달을 수 있도록 인도해 주세요. 예수님의 이름으로 기도합니다. 아멘.

말씀을 읽어요

그들은 그 집에 들어가서, 아기가 그의 어머니 마리아와 함께 있는 것을 보고, 엎드려서 그에게 경배하였다. 그리고 그들의 보물 상자를 열어서, 아기에게 황금과 유향과 몰약을 예물로 드렸다. 마태복음 2:11, 새번역

말씀을 나눠요 ◆ 예수님은 헤롯 왕이 이스라엘을 다스리던 시기에 유대 땅 작은 마을 베들레헴에서 태어나셨단다. 예수님이 태어나신 날은 화려하지도, 낭만적이지도 않았어. 아기 예수님이 태어나신 곳은 허름한 마구간이었고, 당시 헤롯 왕은 아기 예수님을 죽이려고 했지. 하지만 아기 예수님의 탄생을 축하하러 온 이들도 있었어. 우선 베들레헴 근처에 살던 목자들이 구유에 누인 아기를 보러 찾아왔단다. 그리고 동쪽 멀리에서 별을 연구하던 천문학박사(동방박사)들도 신기한 별을 보고 아기 예수님을 찾아와 경배했지. 박사들은 하나님이 우리에게 선물로 보내 주신 예수님께 자신들이 드릴 수 있는 가장 귀한 선물인 황금과 유향과 몰약을 드렸어. 이 말씀을 기억하며 그림책을 읽어 보자.

> 그림책을 나눠요

하나님이 크리스마스를 주셨단다
리사 타운 버그렌(글), 데이비드 혼(그림) • 몽당연필(2006)

아기 곰은 크리스마스를 산타할아버지가 만들었는지 궁금합니다. 엄마 곰은 그보다 높으신 하나님께서 크리스마스를 만드셨음을 이야기합니다. 어디든 계시며 전능하신 하나님을 만나는 과정을 통해 세상의 빛으로 오신 예수님을 소개합니다. 그리고 만지고 보고 냄새 맡을 수 있는 아기 예수님이 우리에게 필요하다는 것을 아신 하나님께서 우리에게 크리스마스를 주셨음을 알려 줍니다. 아기 곰은 딱딱한 땅 위에 얼굴을 내미는 꽃처럼, 예상치 못한 곳에서 우리를 깜짝 놀라게 하는 선물 같은 예수님을 기대하는 크리스마스를 기뻐하며 감사합니다.

❶ 표지를 보며 추론해요

- 책을 읽기 전, 표지를 먼저 보며 흥미를 이끄는 정도로 간단하게 이야기를 나눕니다.

    Q '크리스마스' 하면 무엇이 생각나니?

    Q 크리스마스는 어떤 날이지? 크리스마스는 무엇을 기억해야 하는 날일까?

❷ 그림책을 보며 생각을 나눠요

- 우리는 빛이며 전능한 왕이신 예수님을 언제 어디서든 만날 수 있습니다. 우리에게 사랑의 선물로 오신 그 첫날을 기억하며 우리 모두에게 베풀어 주신 사랑에 기뻐하는 시간이 크리스마스임을 이야기 나눕니다.

  - 예수님이 세상의 빛이신 것을 어떻게 알 수 있을까? 예수님이 이기신 어둠은 무엇일까?

  - 예수님이 아기로 오셨다는 것은 어떤 경험을 하셨다는 것일까? 아기로 오셨기에 우리의 어떤 마음을 잘 아실 수 있을까?

❸ 삶으로 나눠요

- 하나님의 선물이신 예수님은 우리 모두에게 베풀어진 사랑입니다. 심술쟁이, 욕심쟁이, 친절한 사람 등 모두에게 주어진 선물이기에 다 함께 그 사랑을 나누고 기뻐할 수 있어야 합니다.

  - 하나님은 우리 모두에게 크리스마스를 주셨어. 그 사랑을 나누고 함께 기뻐하고 싶은 사람이 있니?

  - 하나님이 선물로 주신 예수님을 만나기 위해 목자와 동방박사들이 찾아왔어. 첫 크리스마스인 그곳에 우리가 있었다면 어떻게 했을까?

이야기를 정리해요 ◆ 선물은 우리의 마음을 두근거리게 하고 기대하게 만들어. 하지만 그 어떤 선물보다도 값진 선물이 있는데, 그것은 바로 예수님이란다. 사랑이신 예수님이 우리에게 오셨기 때문에 우리는 진정으로 서로를 사랑할 수 있고 행복할 수 있어. 목자들과 동방박사들이 예수님의 탄생을 기뻐하며 선물을 드렸던 것처럼, 우리도 이 땅에 우리를 위해 오신 예수님께 감사의 마음과 순종의 삶을 선물로 드리면 어떨까? 그리고 이 기쁜 소식을 우리 주위 사람들과 함께 나누고 사랑을 실천하면 어떨까?

기도해요

예수님을 우리에게 선물로 주신 하나님 아버지, 목자들과 동방박사들이 감사의 선물을 주님께 드렸듯이 우리도 감사의 마음과 순종의 삶을 선물로 드리겠어요. 예수님의 이름으로 기도합니다. 아멘.

활동해요

❶ 예수님의 사랑을 나눠요

1. 크리스마스는 하나님이 우리에게 사랑을 보여 주신 날임을 이야기합니다.
2. 우리를 통해 (혹은 우리 가정을 통해) 하나님의 사랑을 보여 주고 싶은 사람이 있는지 이야기를 나눕니다.
3. 사랑의 마음을 전하기에 좋은 방법은 무엇일지 이야기를 나눕니다. (선물, 함께하는 시간, 예배 초대 등)
4. 기도하며 계획한 것을 실행합니다.

❷ 어디에나 계시는 하나님 찾기

준비물 종이, 채색도구

1. 크리스마스를 주신 하나님은 어디에나 계시다는 것을 이야기합니다.
2. 빛이신 하나님을 만날 때는 언제인지 이야기를 나눕니다.
3. 전능하신 하나님을 만날 때는 언제인지 이야기를 나눕니다.
4. 가장 높으신 왕이신 하나님을 만날 때는 언제인지 이야기를 나눕니다.
5. 사랑의 하나님을 만날 때는 언제인지 이야기를 나눕니다.
6. 선물이신 예수님을 만날 때는 언제인지 이야기를 나눕니다.
7. 내가 만난 하나님은 어떤 분이었는지 이야기를 나눕니다.
8. 내가 만난 하나님에 대해 글과 그림으로 표현할 수 있습니다.

미/사/감 표현해요

예배를 드리고 난 후 서로에게 마음을 표현하며 꼬옥 안아 줍니다.
(~때문에) **미안해요** / **사랑해요** / **감사해요**

52주차 돌아봄

기도해요

우리 가정의 주인이신 하나님 아버지, 오늘 예배를 통해 돌아봄의 의미를 깨달을 수 있도록 인도해 주세요. 예수님의 이름으로 기도합니다. 아멘.

말씀을 읽어요

여러분은 자기가 믿음 안에 있는지를 스스로 시험해 보고, 스스로 검증해 보십시오.

고린도후서 13:5상, 새번역

말씀을 나눠요 ◆ 바울은 고린도 교회 성도들의 유익과 신앙의 성숙에 깊은 관심을 가지고 있었어. 그들의 신앙을 위해서라면 자신의 목숨까지 내놓을 수 있을 정도였지. 그런데 고린도후서 13장 1-2절에서 바울은 다소 격양(흥분)된 말투로 이야기하고 있어. 왜냐하면 고린도 교회 성도들 중에는 여전히 신앙이 자라지 않은 모습으로 예수님과 상관없는 삶을 살아가는 사람들이 있었기 때문이야. 바울은 고린도 교회 성도들에게 그들 스스로 믿음 안에 있는지 철저히 시험해 보고 검증해 보라고 요청했단다. 이 말씀을 기억하며 그림책을 읽어 보자.

그림책을 나눠요

비밀의 방
유리 슐레비츠(글, 그림) • 시공주니어(1999)

한 임금이 머리는 하얗고 수염이 검은 노인을 만났습니다. 임금이 노인에게 그 이유를 묻자 노인은 머리칼이 수염보다 늙어서 그렇다고 대답합니다. 노인의 대답이 마음에 든 임금은 노인에게 자신의 얼굴을 99번 보기 전에는 누구에게도 그 이야기를 하지 말라고 명령합니다. 임금이 우두머리 대신에게 "왜 수염보다 머리가 먼저 하얘지는가"라고 질문하자 우두머리 대신은 노인을 찾아가 답을 알려 달라고 협박합니다. 노인은 동전 99개를 받고 답을 알려 주고, 임금은 명령을 거역한 노인을 잡아들입니다. 노인은 동전에 있는 임금의 얼굴을 99번을 보고 이야기했다고 말합니다. 임금은 노인의 영리함을 보고 보물관리를 맡깁니다. 우두머리 대신은 노인을 모함하고 임금은 노인의 집에서 비밀의 방을 찾습니다. 그러나 그 방은 노인이 자신을 돌아보는 방이었습니다.

❶ **표지를 보며 추론해요**

- 책을 읽기 전, 표지를 먼저 보며 흥미를 이끄는 정도로 간단하게 이야기를 나눕니다.

  Q '비밀의 방'은 어떤 곳일까?

❷ 그림책을 보며 생각을 나눠요

• 사람들은 모두 자신이 생각한 수준에서 다른 사람이나 사건을 바라봅니다. 사람과 일을 대하는 방식에서 노인과 우두머리 대신은 어떤 차이를 보였는지 이야기를 나눕니다.

> 감옥에 처넣거나 금화 천 냥을 주겠다는 우두머리 대신을 보며 노인은 어떤 생각을 했을까? 왜 아흔아홉 냥만 받고 이야기를 해주었을까?

> 우두머리 대신은 무슨 근거로 노인이 금을 훔쳐 집에 숨겼을 거라고 했을까?

❸ 삶으로 나눠요

• 초심(첫 마음)을 잃지 않고 하나님을 향한 믿음으로 오늘을 살아가는 삶은 날마다 스스로 하나님 앞에 나아갈 때 가능합니다. 하나님 앞에서 자신을 돌아보는 시간을 계획하며 실천할 수 있도록 합니다.

> 노인은 비밀의 방에서 자기 자신을 어떻게 돌아보았을까?

> 우리는 믿음의 사람으로 살아가는 자신의 모습을 어떻게 돌아보며 점검할 수 있을까?

이야기를 정리해요 ◆ 비밀의 방에서 항상 자신의 모습을 돌아볼 수 있었던 노인은 영리함을 넘어 지혜로운 자로 칭함을 받게 되었어. 노인은 스스로 자신을 매번 점검했기에 궁궐에 살고 직위를 받으면서도 욕심을 부리지 않고 겸손하게 자신의 자리에서 책임을 다할 수 있었지. 상황이 바뀌고 시간이 흘러도 처음 마음을 잃지 않고 살아간다는 건 참 쉽지 않은 일 같아. 자신을 끊임없이 돌아봐야만 변하지 않을 수 있기 때문이야. 바울 역시 우리에게 항상 자신을 돌아보아 시험해 보고 검증해 보라고 이야기했어. 매일 매순간 하나님 앞에서 자신을 바라보는 점검의 시간을 가져야만 올바른 믿음으로 살아갈 수 있다는 뜻이었지. 상황에 따라 변하는 믿음이 아니라 스스로를 매번 돌아보아 단단하고 변하지 않는 믿음으로 살아가는 우리가 되도록 하자.

기도해요

하나님 아버지, 비밀의 방에서 자신의 삶을 돌아보았던 지혜로운 노인처럼 우리도 하나님 앞에서 자신의 삶을 되돌아보며 점검하는 시간을 갖게 해주세요. 예수님의 이름으로 기도합니다. 아멘.

활동해요

❶ 나의 비밀의 방

1. 자기 자신을 돌아보며 성찰할 때 어떤 유익이 있는지 이야기를 나눕니다.
2. 각자 자기 자신을 돌아보는 방법과 시간이 있는지 이야기를 나눕니다.
3. 자기 자신을 돌아보며 새롭게 깨달은 것들이 있는지 이야기를 나눕니다.

❷ 우리 가정의 믿음 검증하기

1. 우리 가정의 주인이 정말 하나님이었는지, 우리가 정말 하나님을 경외하는 가정이었는지 검증하는 시간임을 이야기합니다.
2. 지난 1년간 있었던 주요 사건들을 회상하며, 그때마다 하나님을 경외하는 방법으로 선택하였는지 이야기를 나눕니다. 이때 화이트보드나 포스트잇(또는 종이)에 쓰면서 돌아봄의 내용을 시각적으로 표현할 수 있습니다.
3. 하나님을 경외한 일에는 감사하며 하나님을 찬양합니다.
4. 잘못되었거나 후회되는 선택이 있었다면 회개하며 돌이키겠다는 결단을 합니다.
5. 믿음의 가정이라는 기준으로 1년간 우리 가정의 10대 뉴스를 선정합니다. 사소하다고 생각했던 사건이라도 믿음의 관점에서는 매우 중요한 사건이 될 수 있습니다. 또한 실패의 사건도 무엇을 배웠는지에 따라서 중요한 사건이 될 수 있습니다.

미/사/감 표현해요

예배를 드리고 난 후 서로에게 마음을 표현하며 꼬옥 안아 줍니다.
(~때문에) **미안해요** / **사랑해요** / **감사해요**

본문에 소개된 그림책 목록

주차	주제	제목	작가	출판사
1	소망	내일은 꼭 이루어져라	오노데라 에츠코(글), 구로이 겐(그림)	천개의 바람
2	소명	강아지똥	권정생(글), 정승각(그림)	길벗어린이
3	선택	쫌 이상한 사람들	미겔 탕코(글, 그림)	문학동네
4	도전	뛰어라 메뚜기	다시마 세이조(글, 그림)	보림
5	용납	폭풍우 치는 밤에	기무라 유이치(글), 아베 히로시(그림)	아이세움
6	아동인권	거짓말 같은 이야기	강경수(글, 그림)	시공주니어
7	난민	노란 샌들 한 짝	캐런 린 윌리엄스(글), 둑 체이카(그림)	맑은가람
8	편견	달 사람	토미 웅거러(글, 그림)	비룡소
9	겸손	누구지?	이범재(글, 그림)	계수나무
10	희생	엄마 까투리	권정생(글), 김세현(그림)	낮은산
11	섬김	소록도 큰할매 작은할매	강무홍(글), 장호(그림)	웅진주니어
12	인내	까마귀 소년	야시마 타로(글, 그림)	비룡소
13	순종	검피 아저씨의 뱃놀이	존 버닝햄(글, 그림)	시공주니어
14	고난	세 나무 이야기	엘레나 파스퀼리(글), 소피 윈드햄(그림)	포이에마
15	부활	하나님이 부활절을 주셨단다	리사 타운 버그렌(글), 로라 J. 브라이언트(그림)	몽당연필
16	평화	평화 책	토드 파(글, 그림)	평화를품은책
17	평화 만들기	아기 늑대 세 마리와 못된 돼지	유진 트리비자스(글), 헬린 옥슨버리(그림)	시공주니어
18	회복적 대화	여섯 마리 까마귀	레오 리오니(글, 사진)	분도출판사
19	가족	가족은 꼬옥 안아 주는 거야	박윤경(글), 김이랑(그림)	웅진주니어
20	부모	딸은 좋다	채인선(글), 김은정(그림)	한울림어린이
21	자녀	아빠와 나	세르주 블로크(글, 그림)	국민서관
22	형제	터널	앤서니 브라운(글, 그림)	논장
23	가족 성찰	행복한 우리 가족	한성옥(글, 그림)	문학동네
24	욕심	여섯 사람	데이비드 맥키(글, 그림)	비룡소
25	성경	아름다운 책	클로드 부종(글, 그림)	비룡소
26	생명	강아지가 태어났어요	조애너 콜(글), 제롬 웩슬러(사진)	비룡소
27	죽음	할머니가 남긴 선물	마거릿 와일드(글), 론 브룩스(그림)	시공주니어

28	용서하기	곰 때문이야!	에이미 다이크맨(글), 자카리아 오호라(그림)	함께자람
29	사과하기	사자가 작아졌어	정성훈(글, 그림)	비룡소
30	거짓	빨간 매미	후쿠다 이와오(글, 그림)	책읽는곰
31	진실	나는 사실대로 말했을 뿐이야!	패트리샤 맥키삭(글), 지젤 포터(그림)	고래이야기
32	생태1	엄마가 미안해	이철환(글), 김형근(그림)	미래아이
33	생태2	우리가 함께 쓰는 물, 흙, 공기	몰리 뱅(글, 그림)	도토리나무
34	친구	윌리와 휴	앤서니 브라운(글, 그림)	웅진주니어
35	지체 됨	프레드릭	레오 리오니(글, 그림)	시공주니어
36	받아들임	찬성!	미야니시 다쓰야(글, 그림)	시공주니어
37	권위	샌지와 빵집주인	로빈 자네스(글), 코키 폴(그림)	비룡소
38	규칙	도서관에 간 사자	미셸 누드슨(글), 케빈 호크스(그림)	웅진주니어
39	충성	노아의 방주	아서 가이서트(글, 그림)	비룡소
40	존중	앨버트, 쉿!	이자벨 아르스노(글, 그림)	미세기
41	친절	혼자가 아니야 바네사	케라스코에트(지음)	웅진주니어
42	자비	로쿠베, 조금만 기다려	하이타니 겐지로(글), 초 신타(그림)	양철북
43	너그러움	친구의 전설	이지은(글, 그림)	웅진주니어
44	관심	위를 봐요!	정진호(글, 그림)	은나팔
45	배려	친구에게 주는 선물	후쿠자와 유미코(글, 그림)	한림
46	용기	용감한 아이린	윌리엄 스타이그(글, 그림)	비룡소
47	감사	행복은 어디에나 있어	브루스 핸디(글), 염혜원(그림)	주니어RHK
48	약속	행복을 나르는 버스	맷 데 라 페냐(글), 크리스티안 로빈슨(그림)	비룡소
49	참 평화	크리스마스 휴전	존 패트릭 루이스(글), 게리 켈리(그림)	사계절
50	하나님 나라	메리 크리스마스, 늑대 아저씨!	미야니시 다쓰야(글, 그림)	시공주니어
51	선물	하나님이 크리스마스를 주셨단다	리사 타운 버그렌(글), 데이비드 혼(그림)	몽당연필
52	돌아봄	비밀의 방	유리 슐레비츠(글, 그림)	시공주니어

함께 보면 좋은 그림책

주차	주제	추천도서
1	소망	「매튜의 꿈」 레오 리오니(글, 그림), 시공주니어 「카멜라의 행복한 소원」 맷 데 라 페냐(글), 크리스티안 로빈슨(그림), 비룡소
2	소명	「삼거리 양복점」 안재선(글, 그림), 웅진주니어 「노랑이와 분홍이」 윌리엄 스타이그 (글, 그림), 비룡소
3	선택	「토끼의 의자」 고우야마 요시코(글), 가키모토 고우조(그림), 북뱅크 「달려!」 다비데 칼리(글), 마우리치오 A. C. 콰렐로(그림), 책빛
4	도전	「완두」 다비드 칼리(글), 세바스티앙 무랭(그림), 진선아이 「내가 잡았어!」 데이비드 위즈너(글, 그림), 시공주니어
5	용납	「알을 품은 여우」 이사미 이쿠요(글, 그림), 한림출판사 「깃털 없는 기러기 보르카」 존 버닝햄(글, 그림), 시공주니어
6	아동인권	「내가 라면을 먹을 때」 하세가와 요시후미(글, 그림), 고래이야기 「우리에게 사랑을 주세요」 데스몬드 투투(글), 존 버닝햄 외(그림), 마루벌
7	난민	「잃어버린 아이들」 메리 윌리엄스(글), 그레고리 크리스(그림), 사계절 「도착」 숀 탠(글, 그림), 사계절
8	편견	「아나톨의 작은 냄비」 이자벨 카리에(글, 그림), 씨드북
9	겸손	「잃어버린 말」 에드 영(글, 그림), 시공주니어
10	희생	「널 만나서 정말 다행이야」 미야니시 다쓰야(글, 그림), 달리 「천사들의 행진」 강무홍(글), 최혜영 (그림), 양철북
11	섬김	「선생님, 바보 의사 선생님」 이상희(글), 김명길(그림), 웅진주니어
12	인내	「끈기짱 거북이 트랑퀼라」 미하엘 엔데(글), 만프레드 쉴뤼터(그림), 보물창고
13	순종	「지하철을 타고서」 고대영(글), 김영진(그림), 길벗어린이
14	고난	「예수님 이야기」 브라이언 와일드스미스(글, 그림), 아라미
15	부활	「부활절이 뭐예요?」 미셸 메들록 애덤스(글, 그림), 두란노키즈
16	평화	「울보 바보 이야기」 윤구병(글), 홍영우(그림), 휴먼어린이 「까마귀 여섯 마리」 레오 리오니(글, 그림), 분도
17	평화 만들기	「고릴라 왕과 대포」 나마치 사부로(글, 그림), 한림출판사 「세상에서 가장 행복한 전쟁」 데이비드 맥키(글, 그림), 베틀북
18	회복적 대화	「잘했어, 꼬마 대장!」 아마드 아크바푸르(글), 모테자 자헤디(그림), 고래이야기
19	가족	「우리 가족입니다」 이혜란(글, 그림), 보림 「꼬질꼬질 냄새 나는 우리 멍멍이」 해노크 파이븐(글, 그림), 좋은책어린이
20	부모	「너무너무 공주」 허은미(글), 서현(그림), 만만한책방 「방긋 아기씨」 윤지회(글, 그림), 사계절
21	자녀	「내가 아빠에게 가르쳐 준 것들」 미겔 탕코(글, 그림), 스콜라 「미안해요」 구스노키 시게노리(글), 스즈키 나가코(그림), 한림출판사
22	형제	「오빠와 나는 영원한 맞수」 패트리샤 폴라코(글, 그림), 시공주니어 「우리 형이니까」, 「난 형이니까」 후쿠다 이와오(글, 그림), 아이세움
23	가족 성찰	「달려라 오토바이」 전미화(글, 그림), 문학동네
24	욕심	「이상한 나뭇잎」 김중철(글), 김용철(그림), 웅진주니어
25	성경	「그래, 책이야!」 레인 스미스(글, 그림), 문학동네 「책 읽어주는 고릴라」 김주현(글, 그림), 보림

26	생명	「세상에서 두 번째로 신기한 일」 이성실(글), 오정림(그림), 밝은미래 「참새」 조혜란(글, 그림), 사계절
27	죽음	「세상에서 가장 멋진 장례식」 울프 닐손(글), 에바 에릭손(그림), 시공주니어 「씩씩해요」 전미화(글, 그림), 사계절
28	용서하기	「용서가 뭐예요?」 문용린, 길해연(글), 이종균(그림), 키즈김영사 「절대 용서할 수 없어」 캐롤 앤 머로우(글), R. W. 앨리(그림), 비룡소
29	사과하기	「친구야 미안해」 와타나베 아야(글, 그림), 비룡소 「미안하다고 안 할래!」 사만사 버거(글), 브루스 와틀리(그림), 크레용하우스
30	거짓	「내가 그런 게 아니에요!」 미셸 피크말(글), 토마스 바스(그림), 국민서관 「거짓말하고 싶을 때」 팀 합굿(글), 데이비드 타지맨(그림), 키즈엠
31	진실	「마음에 상처 주는 말」 엘리자베스 버딕(글), 마리카 하인렌(그림), 보물창고 「피바디 선생님의 사과」 마돈나(글), 로렌 롱(그림), 문학사상사
32	생태1	「아마존 숲의 편지」 잉그리드 비스마이어 벨링하젠(글, 그림), 해솔 「플라스틱 섬」 이명애(글, 그림), 상출판사
33	생태2	「사라지는 물고기」 앨런 시더(글), 킴 미셸 토프트(그림), 다섯수레 「지구를 위한 한 시간」 박주연(글), 조미자(그림), 한솔수북
34	친구	「내 짝꿍 에이미」 스티븐 마이클 킹(글, 그림), 국민서관 「진짜 친구」 구스노키 시게노리(글), 후쿠다 이와오(그림), 베틀북
35	지체 됨	「길 아저씨 손 아저씨」 권정생(글), 김용철(그림), 국민서관 「헤엄이」 레오 리오니(글, 그림), 시공주니어
36	받아들임	「황소 아저씨」 권정생(글), 정승각(그림), 길벗어린이 「우당탕탕, 할머니 귀가 커졌어요」 엘리자베트 슈티메르트(글), 카를리네 캐르(그림), 비룡소
37	권위	「모자」 토미 웅거러(글, 그림), 시공주니어 「장난감 형」 윌리엄 스타이그(글, 그림), 비룡소
38	규칙	「규칙이 있는 집」 맥 바넷(글), 매트 마이어스(그림), 주니어RHK 「규칙은 꼭 지켜야 돼?」 브리지트 라베(글), 에릭 가스테(그림), 문학동네
39	충성	「노아의 방주」 피터 스피어(글, 그림), 미래아이
40	존중	「슈퍼 거북」 유설화(글, 그림), 책읽는곰
41	친절	「세상에서 가장 용감한 소녀」 매튜 코델(글, 그림), 시공주니어 「어느 우울한 날 마이클이 찾아왔다」 전미화(글, 그림), 웅진주니어
42	자비	「사자와 생쥐」 A. J. 우드(글), 이언 앤드루(그림), 랜덤하우스코리아
43	너그러움	「인디언의 선물」 마리루이즈 피츠패트릭(글, 그림), 두레아이들
44	관심	「홍과 콩」 류한창(글, 그림), 바람의 아이들 「행복을 전하는 편지」 안소니 프랑크(글), 티파니 비키(그림), 시공주니어
45	배려	「의좋은 형제」 이현주(글), 김천정(그림), 국민서관
46	용기	「고마워 친구야」 후쿠자와 유미코(글, 그림), 한림출판사 「천하무적 용기맨」 김경희(글, 그림), 비룡소
47	감사	「하나님이 감사하는 마음을 주셨단다」 리사 타운 버그렌(글), 로라 J. 브라이언트(그림), 몽당연필 「오늘도 좋은 날이야」 모 윌렘스(글, 그림), 봄이아트북스
48	약속	「크리스마스 선물」 존 버닝햄(글, 그림), 시공주니어
49	참 평화	「안 돼!」 데이비드 맥페일(글, 그림), 시공주니어 「모두 모두 안녕하세요!」 홍선주(글, 그림), 꼬마이실
50	하나님 나라	「가장 멋진 크리스마스」 스벤 누르드크비스트(글, 그림), 풀빛
51	선물	「너에게 주는 선물이야」 다나카 우사(글, 그림), 지형
52	돌아봄	「바쁜 열두 달」 레오 리오니(글, 그림), 시공주니어

• 이 책은 「그림책으로 드리는 가정예배」의 개정판입니다.

생각에 깊이를 더하는 그림책 가정예배
ⓒ 백흥영·박현경, 2020

1판 1쇄	2020년 1월 10일
1판 3쇄	2020년 12월 30일
2판 2쇄	2024년 2월 20일

지은이	백흥영, 박현경
발행인	조애신
편집	이소연
디자인	임은미
마케팅	전필영, 권희정
경영지원	전두표

발행처	도서출판 토기장이
주소	서울시 마포구 동교로 71-1 2F
출판등록	1998년 5월 29일 제1998-000070호
전화	02-3143-0400
팩스	0505-300-0646
이메일	tletter77@naver.com
인스타그램	togijangi_books_

ISBN 978-89-7782-466-9

• 이 책은 저작권 법에 따라 보호를 받는 저작물이므로 무단 전재와 무단 복제를 금합니다.
• 이 책의 전부 또는 일부를 이용하려면 반드시 저자와 도서출판 토기장이의 동의를 받아야 합니다.

도서출판 토기장이는 생명 있는 책만 만듭니다.
"우리는 진흙이요 주는 토기장이시니 우리는 다 주의 손으로 지으신 것이니이다"(이사야 64:8)